¡Sssssshhhhhhhhhhh!

Haz del teatro algo íntimo

Llévalo siempre en el bolsillo

Cubierta y diseño editorial: Éride, Diseño Gráfico
Dirección editorial: ángel jiménez

Primera edición: febrero, 2026

Una mujer llamada Cleopatra
© Ramón Paso
© VdB, 2026
Espronceda, 5
28003 Madrid

VdB®

ISBN: 979-13-87644-66-6
Depósito Legal: M-3134-2026
Diseño y preimpresión: Éride, Diseño Gráfico

 Este libro protege el entorno

una mujer llamada Cleopatra

Drama histórico de trece personajes
para dos mujeres y dos hombres

Ramón Paso
(Madrid, 1976)

Dramaturgo, guionista y director de escena. Nieto de Alfonso Paso y bisnieto de Enrique Jardiel Poncela.

Cuenta con más de cincuenta montajes teatrales, tanto como dramaturgo, director de escena o en ambas funciones, entre los que podemos destacar títulos como *El reencuentro*, *El mensaje*, *Dos locas de remate*, *La importancia de llamarse Ernesto*, *Usted tiene ojos de mujer fatal... en la radio*, *Otelo a juicio*, *Blablacoche*, *Papá es Peter Pan y lo tengo que matar*, *La ramera de Babilonia*, *Drácula. Biografía NO autorizada*, *Lo que mamá nos ha dejado*, *El secreto*, *Huevos con amor*, *Jardiel enamorado*, *Viuda e hijas* o el musical *Desencantadas*. Por otro lado, es responsable de las últimas versiones estrenadas de *Eloísa está debajo de un almendro* de Jardiel Poncela, *Otra vuelta de tuerca* de Henry James, *Sueño de una noche de verano* de William Shakespeare o *Tragedia española* de Thomas Kyd. Sus textos se han estrenado, además de en España, en Argentina, México, Costa Rica, República Dominicana, Puerto Rico, Uruguay, Chile y Canadá, entre otros países.

Además, ha trabajado como guionista de televisión para algunas de las más importantes productoras audiovisuales del país.

Desde 2016 hasta 2018 trabajó en el Centro Dramático Nacional como asesor de dramaturgia, bajo las órdenes de Ernesto Caballero.

RAMÓN PASO

una mujer llamada Cleopatra

Drama histórico de trece personajes
para dos mujeres y dos hombres

Esta obra se estrenó en La LiVrería (Madrid) el 02 de febrero de 2026,
interpretada por Inés Kerzan (CLEOPATRA),
José Luis González Subías (CÉSAR), Ana Azorín (IRAS / ARSINOE),
Ramón Paso (AULETES), Andrés Arenas (ENOBARBO / OLIMPO / MARIO /
AGRIPA / CESARIÓN / AUGUSTO) y Francesc Galcerán (ANTONIO).

Dirección: Ramón Paso.

Para Inés Kerzan.
Gracias por adivinar lo invisible.

Una interviú con su majestad

Corría el año 2021 cuando mi gran amigo Juan José, «Cuco», Afonso me habló de preparar un texto de cara a presentarlo en el Teatro Español, que en ese momento dirigía Natalia Menéndez, con intención de que una gran actriz se hiciese cargo de la protagonista. Barajó algunos nombres, todos ellos de primerísimo nivel, pero el único que a mí me llamó la atención fue Ana Belén. Cuando Cuco me pidió que escribiese, elegí un tema histórico que conocía bien: la relación de Cayo Julio César con Cleopatra, y la posterior relación de ella con Marco Antonio. Cuco me dijo que íbamos con el tiempo muy pegado, así que escribí la función en tres días, exactamente tres días, no es una forma de hablar. Fui con pocas correcciones y sin revisarlo en profundidad. El tiempo pasó y el Español acabó rechazando el proyecto, ya que se encontraba envuelto en uno de similares características. Y yo me olvidé de *Una mujer llamada Cleopatra*. La dejé en un cajón sin darle demasiada importancia. Decidí que no me gustaba el resultado.

Inés Kerzan, por su lado, se enamoró de la función. Me dijo que era estupenda y que ella querría hacerla. Yo le aconsejé que lo dejase estar, que era del montón, pero Inés insistía, y lo cierto es que ella fue la primera que confió en *El reencuentro* –función que yo odiaba, y que a día de hoy es mi mayor éxito– así que tal vez habría que hacerle caso. Una cosa llevó a la otra y nunca encontramos la oportunidad. Ahora, aprovechando la serie de *Representaciones leídas en La Li-Vrería* me he decidido a sacarla a la luz con la complicidad de mi editor, Ángel Jiménez. Pero antes de poder hacerlo, me parecía fundamental contar con la aprobación de la reina Cleopatra VII. Así que escribí una nota, metí en el sobre el original y lo llené de sellos para franquearlo con destino al antiguo Egipto. Mandar paquetes a Egipto es sencillo; hacerlos viajar en el tiempo requiere de una cantidad de sellos impresionante. Hasta tal punto que el paquete tenía la extensión de varias hectáreas solo para poder pegar los sellos en él.

Enviado el paquete solo restaba esperar y tranquilizar a Ángel, que me decía que este prólogo no podía llegar como los demás el día antes de enviar el libro a imprenta. Los días pasaban y yo le daba largas a Ángel, porque a ver quién es el guapo que le mete prisa a una diosa viva inmortal bañada por el oro del tiempo. Como la grandeza suele ser más humilde que la pequeñez, a los pocos días, recibí una autorización de la reina Cleopatra VII, que, además, aceptaba contestar a unas pocas preguntas que esclarecerían algunas oscuridades sobre su persona. La *interviú* que paso a relatar es el resultado de esa conversación extradimensional.

RP. Lo primero, reina Cleopatra, muchas gracias por dedicarme unos instantes de su tiempo.

RC. Señor Paso, le diré que una vez transcendida la materia, lo único que nos importa menos a los inmortales que el tiempo, son los boletos de la lotería primitiva.

RP. ¿Porque el dinero no es de su interés?

RC. Porque nunca tocan. Y a mí, los que nunca tocan, no me interesan. Ni boletos, ni hombres. ¿Usted toca, señor Paso?

RP. Solo de oído, reina Cleopatra.

RC. Apéeme el tratamiento, señor Paso, por favor, se lo pido.

RP. ¿La llamo Cleopatra?

RC. Majestad. Tampoco hay que caer en lo chabacano. Pregunte, señor Paso.

RP. Sé que, tal vez, esta pregunta se la habrán hecho muchas veces, pero, ¿cuáles fueron sus sentimientos hacia Julio César y Marco Antonio?

RC.   La realidad es que nadie me lo había preguntado hasta hoy. Se han limitado a quedarse con lo que, en su momento, escribieron Plutarco o Suetonio. Ambos influidos por Octavio, que, como ganador de la batalla, se atribuyó la veracidad absoluta en su relato. ¿Sabe usted, señor Paso, que después de la derrota de Marco Antonio en Accio, obligué a unos cientos de griegos libres a cargar mis barcos, para cruzar un canal hasta Alejandría?

RP.   Algo he oído.

RC.   Pues entre esos pelagatos estaba Plutarco. *La reina se ríe. Su risa es adorable. Recuerda a los cascabeles que cuelgan de las orejas de Lucifer.* Así que imaginará usted que no fue sincero en el retrato que hizo de mí, ni mucho menos de mi promiscuidad, que no fue tal. Yo he amado en mi vida a un dios y a un hombre. El dios se llamaba Cayo Julio César, que como usted bien sabe es descendiente del linaje de Eneas, el cual tuvo relaciones con la diosa Venus. El hombre fue Marco Antonio.

RP.   ¿Qué opinión le merecieron a usted, Majestad, los romanos y su gobierno?

RC.   Los romanos, unos salvajes, que nunca fueron capaces de abandonarse al exceso; y su sistema de gobierno, eso que llaman democracia, es solo una forma elevada de manipulación donde las élites controlan al pueblo, haciéndole creer que es al revés.

RP.   Entonces, ¿Su Majestad defiende la postura de Aristóteles sobre que la mejor forma de gobierno es la tiranía ilustrada?

RC.   En absoluto, señor Paso, recuerde usted que yo soy una diosa. Egipto es una teocracia.

RP.   ¿Y cómo se lleva Su Majestad con los demás dioses?

RC.   Depende de cómo haya desayunado.

RP.   ¿Existe Dios?

RC.   Refiriéndose a Dios, como se refiere, lo mejor que puede hacer usted es morirse y comprobarlo por sí mismo.

RP.   ¿Me permite abordar un tema complicado?

RC.   Cesarión.

RP.   Cesarión. El único hijo varón de César. Cicerón hizo creer al Senado que tan solo se trataba de un bastardo.

RC.   Cicerón me recibió como un adulador y me despidió como un enemigo. Todo está relacionado con unos versos que escribió y que yo critiqué.

RP.   ¿Con agudeza?

RC.   Con risa descarnada. Y sepa usted, señor Paso,
           que un presuntuoso lo que peor soporta es la
           risa de una mujer. Marco Antonio hizo que
           le cortasen las manos y la lengua. Una idea
           encantadora.

RP.   Cesarión.

RC.   Fue el más querido de mis hijos, señor Paso.
           ¿Lo sabía usted? No, ¿cómo iba a saberlo?
           ¿Sabe usted que inventó un sistema de rie-
           go que controlaba las subidas y bajadas del
           Nilo? ¿Y un subsidio para los pobres, al es-
           tilo del que inventó, sobre el grano, su pa-
           dre en Roma? También dictó leyes contra
           los diezmos de los sacerdotes y redujo sig-
           nificativamente el poder de Menfis sobre
           Alejandría. Además de todo eso, acabó con
           la segregación entre griegos, egipcios y los
           demás habitantes de Alejandría. Y solo era
           un crío. Cuando se presentó ante Octavio
           firmó su sentencia de muerte.

RP.   Le agradezco su sinceridad, Majestad.

RC.   La grandeza no miente. No tiene necesidad.

RP.   ¿Y qué opina, ya para terminar, de su pre-
           sencia en la historia?

RC.   Pues le diré, señor Paso, que la historia me suda el coño.

RP.   Gracias, Majestad.

RC.   Gracias, señor Paso, por escribir sobre mí y, por encima de todo, por describirme con amor. Le deseo suerte.

Al terminar mi conversación con Cleopatra me sentía lúcido y abrumado a un tiempo por el peso de la historia. Cleopatra, César, Lucio Cornelio Sila, Cayo Mario, Alejandro, Platón, Jesucristo, el rey David, Pericles, César Augusto, Nerón, Vercingetorix, Calígula, Sade, Napoleón, Shakespeare, Dante, Rodin, Wilde, Buda, Dumas... Todos ellos han trascendido su tiempo, su momento, su instante y nosotros, desde aquí, desde este pobre y soberbio siglo XXI, no hacemos otra cosa que creernos el ombligo de un mundo por el que pasaremos sin ser más que humo y cenizas. Y aun así, cuando miro por la ventana, veo las mismas estrellas que vieron en su momento Cleopatra y César. Y eso, en cierta manera, reconforta.

Ramón Paso

Personajes
Por orden de intervención

CLEOPATRA VII, *Thea Filopátor*, reina de Egipto.

Cayo Julio CÉSAR, dictador de la República de Roma.

IRAS, vieja ama egipcia.

Ptolomeo XII, llamado AULETES, padre de Cleopatra.

Lucio Décimo ENOBARBO, legado de Marco Antonio.

ARSINOE, hermana de Cleopatra y princesa de Egipto.

Marco ANTONIO, triunviro romano.

OLIMPO, médico griego.

MARIO, viejo secretario itálico.

Marco Vipsanio AGRIPA, general de los ejércitos de la República de Roma.

Ptolomeo XV, *Filopátor Filométor* César, llamado CESARIÓN, hijo de César y Cleopatra.

Cayo César AUGUSTO, triunviro romano y legítimo heredero de Cayo Julio César.

Un CRIADO romano.

Acto único

Oscuridad... Sonidos lejanos del mar... el graz-
nido de alguna de las aves del puerto que salu-
da a los barcos... Egipto. Alejandría.
La luz del atardecer, atardecer mortecino, se
hace lentamente, invadiendo la escena. El es-
cenario lo componen una serie de medias lu-
nas, una encima de la otra, así hasta siete, cada
una más pequeña que la anterior. Y en lo más
alto, a siete escalones del suelo —anchos esca-
lones, que no altos— dos tronos. El de la reina,
en oro gastado; el del rey, en oro nuevo. Ambos
adornados con los emblemas del alto Egipto.
Detrás de ellos, sendas estatuas tocadas a la
forma tradicional. Una de ellas, Isis; la otra,
Osiris. Por todas partes, incienso, bandejas, ja-
rras de vino, copas... Estamos en el salón del
trono de la reina CLEOPATRA *VII Thea Filopá-*
tor, aunque, bien mirado, también podría ser el
Senado de Roma... o un anfiteatro griego...
En el centro de la escena, tirado en el sue-
lo, cubierto por una toga blanca, manchada
de sangre, el cuerpo inerte de Cayo Julio Cé-
SAR, *dictador del pueblo de Roma. Sentada en*
uno de los escalones, en un lateral, lejos del
trono, una mujer con el pelo corto y la cabe-
za agachada. Viste una túnica blanca, senci-
lla. Puede tener casi cuarenta años, aunque,

a veces, en la conversación, su risa anima sus facciones, y, entonces, podría tener catorce... pero, de pronto, otra vez, un velo le cubre la mirada, y, en ese momento, podría ser la más vieja y mísera de todas las mujeres. Se llama CLEOPATRA *y ha nacido para ser reina. Una vez terminadas las presentaciones... comienza la acción...*

CLEOPATRA — No tenía que ser así. ¡No tenía por qué ser así! No había motivo para que todo terminase de una manera tan cruel, tan arbitraria... tan abrupta... Oh, César, ¡César!, ¿qué nos ha pasado? Me faltan las palabras. Se me borran de la mente cuando tengo que hablar de ti, porque todas se quedan vacías al tratar de invocar tu presencia. Recuerdo el día de tu muerte, Cayo Julio César, primer hombre de Roma, lo recuerdo como si fuese hoy mismo. El cielo se estremeció y una bola de fuego surcó el firmamento... la tierra se abrió y lanzó un gemido tan tierno y sincero, tan desgarrado, que hasta los hombres más fríos de Roma se estremecieron, y sus ojos, ¡sus ojos, César!, se llenaron de lágrimas porque tú habías desaparecido. ¡Tú, César! Lo que parecía imposible había sucedido. Te habías extinguido. César... cuando me lo dijeron... me reí... me reí como una tonta, como una niña. No podía estar pasando. ¡No podía ser verdad! En ocasiones, la muerte golpea con tanta fuerza que insensibiliza el alma... Y tú, tú eras inmortal, descendiente de Venus, representación perfecta del ideal romano... y mi amor, mi amor más temprano y más puro, ¡mi amor!, el padre de mi hijo... Resultaba imposible que tú hubieras muerto y me hubieras dejado sola. Cercado por una manada de perros cobardes y sangrientos, ¡perros que todo te lo debían!, asesinado sin piedad, a traición. Muerto. ¡El primer hombre de Roma ya no está! Se ha acabado. Y yo, la última mujer del imperio, recuerdo, como si fuese hoy, el día de tu muerte. Lo recuerdo, César.

CÉSAR   Los recuerdos son malos consejeros, Cleopatra. (CÉSAR *comienza a moverse en el suelo. Se pone en pie con cierta dificultad.*) Mira cómo me han dejado la toga. Así no hay quien se presente ante la Divinidad.

CLEOPATRA   ¿De verdad te importa ahora la Divinidad?

CÉSAR   (*Sonríe.*) No. La verdad es que me da bastante igual la Divinidad.

CLEOPATRA   (*Conteniendo el llanto.*) La Divinidad es una puta, César. Una puta que me lo ha quitado todo.

CÉSAR   A veces culpamos a los dioses de lo que perdemos los hombres. (*Se gira hacia ella. La mira con ternura.*) Ay, mi niña malcriada y rebelde. (CLEOPATRA *estalla en llantos.* CÉSAR *va hasta su lado y se sienta con ella. La abraza y le acaricia la cabeza.)* ¿Por qué lloras, Cleopatra? ¿Por qué lloras?

CLEOPATRA   Porque el mundo se resquebraja bajo mis pies.

CÉSAR   Ya será menos.

CLEOPATRA   No lo es. El mundo se acaba.

CÉSAR   El mundo no se acaba. El mundo siempre estará ahí. Los que puede ser que no estemos somos tú y yo.

CLEOPATRA   No, tú ya no vas a estar.

CÉSAR   *(Ríe.)* Es verdad que yo lo tengo más complicado que tú. ¿Me hicieron un bonito entierro por lo menos?

CLEOPATRA   Los senadores te llevaron hasta el foro...

CÉSAR   Los senadores me tocan un poco los cojones, Cleopatra. Tengo que reconocerlo.

CLEOPATRA   Mostraron tu cadáver al pueblo... Habló Bruto...

CÉSAR   Malo.

CLEOPATRA   Habló Marco Antonio...

CÉSAR   Peor.

CLEOPATRA   Incluso Cicerón habló...

CÉSAR   ¿Qué dijo ese paleto de Arpinum?

CLEOPATRA   Que eras un tirano.

CÉSAR   Bueno... No es lo peor que se puede decir de mí... ¿Se extendió?

CLEOPATRA   Mucho.

CÉSAR   ¡Qué manera más cruel de tocarle las narices al pueblo! De todos los romanos, de todos los oradores, de todos los políticos, Cicerón ha sido siempre el más imbécil. ¡Qué hombre más pequeño! ¡Cómo se equivocó en todo!

CLEOPATRA   Tiempo después Marco Antonio mandó que le cortasen las manos y la lengua y las clavasen en la puerta del foro.

CÉSAR   Pobre Cicerón.

CLEOPATRA   Se lo merecía.

CÉSAR   Hizo mal. Marco Antonio hizo mal. A un sofista –y Cicerón era de los peores– no se le mata. Se le rebate. Ahora por culpa de ese sobrino mío, tan bruto, tan embriagado de sí mismo, Cicerón será inmortal, y la gente pensará que hizo algo bueno...

CLEOPATRA   ¡Se lo merecía, César!

CÉSAR   Os falta sutileza a los orientales. Os falta, Cleopatra. No digo yo que no se lo mereciese. Digo que fue un error. ¿De verdad no te he enseñado nada, niña? (*Silencio.* CÉSAR *le acaricia la cabeza.*) ¿Y qué pasó, entonces?

CLEOPATRA   El pueblo no les permitió enterrarte en el sepulcro Julio.

CÉSAR   ¿Y por qué fue eso?

CLEOPATRA   Las personas, los humildes, los que no cuentan, arrancaron de las manos tu cadáver a los senadores y se lo llevaron... porque te amaban, César, se lo llevaron. Hicieron una pira, cada uno de ellos depositando un objeto querido, ¡y te prendieron fuego, a ti, César! Te hicieron arder como se hacía con los antiguos reyes. Te dieron un entierro que llevaba setecientos años sin verse en Roma, un entierro olvidado y prohibido, pero que permanecía en el alma del pueblo.

CÉSAR   No debió de gustarles a los senadores ese arranque de democracia.

CLEOPATRA   No les gustó.

CÉSAR   ¿Y dónde estabas tú, mi niña? ¿Dónde estabas?

CLEOPATRA   Escondida. Tuve miedo, César. Huí.

CÉSAR   ¡Qué humano!

CLEOPATRA   (*Repentinamente furiosa.*) ¡No me gusta lo humano! ¡Lo desprecio!

CÉSAR   Haces mal.

CLEOPATRA   ¡Lo desprecio! Escupo sobre todo lo humano que hay en mí. ¡Tú y yo, César, tú y yo somos dioses!

             (*Silencio.*)

CÉSAR   (*Se levanta.*) No lo somos, Cleopatra. Solo somos sombras que se funden con el tiempo para crear otra cosa, otra cosa ya pasada...

CLEOPATRA   ¿El qué?

CÉSAR   Historia.

CLEOPATRA   El mundo se derrumba, ¿y tú me hablas de historia?

CÉSAR   Es lo que queda.

             (CÉSAR *inicia el mutis.*)

CLEOPATRA   ¿Dónde vas?

CÉSAR A ningún sitio.

CLEOPATRA No me dejes sola.

CÉSAR *(Se detiene y la mira.)* ¿No ves que yo ya solo vivo en tus recuerdos?

CLEOPATRA Mi mundo se derrumba, César.

CÉSAR Se derrumba, Cleopatra. Como se derrumbó el mío con la última puñalada, con la más traicionera de todas, con la que me mató... Y ahora tú, mi niña rebelde y salvaje, tendrás que elegir entre tu felicidad y Egipto. Porque ese es el destino de los reyes, de los buenos reyes.

CLEOPATRA ¡No quiero!

CÉSAR No te va a quedar otra... *(Inicia el mutis.)* Eres historia.

CLEOPATRA Todo es culpa tuya, César. Nunca debiste hacerme concebir esperanza, cuando sabías que la esperanza sería, al final, lo que acabaría conmigo. Nunca debiste.

CÉSAR ¿Esperanza?

CLEOPATRA De independencia y libertad. Me hiciste creer que podría ganarle la partida a Roma.

CÉSAR — No puedes. Nunca has podido. ¿No ves que Roma siempre ha jugado con dados cargados?

CLEOPATRA — (*Grita.*) ¡No tenías derecho!

CÉSAR — Recuerda... La elección es tu felicidad o Egipto. Ser una buena reina o... una buena mujer.

(*Mutis de* CÉSAR. *Silencio.* CLEOPATRA *grita con todas sus fuerzas, furiosa y dolida. Sale a escena rápidamente una criada egipcia,* IRAS.)

IRAS — ¡Señora! (CLEOPATRA *cae de rodillas.* IRAS *corre a socorrerla.*) ¡Señora, ¿estás bien?!

CLEOPATRA — ¿Lo estoy?

IRAS — ¿Señora? ¿Me oyes? ¡Niña! ¡Niña Cleopatra! ¿Me oís? ¡Madre Isis, ayúdame!

CLEOPATRA — ¿César?

IRAS — Soy yo, señora. ¡Iras!

CLEOPATRA — ¿Iras?

IRAS — ¿No me reconoces? Vuestra criada, vuestra ama. ¿Has olvidado a la vieja de cuya leche te alimentaste? ¿La que te ha acunado y cantado para que durmieses?

CLEOPATRA   Te conozco.

IRAS   ¿Cómo te encuentras?

CLEOPATRA   No lo sé. Dímelo tú.

IRAS   Temblabas, tus ojos se nublaron y todo tu cuerpo estaba frío como el mármol...

CLEOPATRA   ¿Como el mármol?

IRAS   Así era, señora.

CLEOPATRA   ¡Qué acertada comparación! *(Susurra.)* Ha estado aquí.

IRAS   ¿Quién ha estado aquí, mi señora?

CLEOPATRA   César. Ha venido. *(Silencio.)* Me ha dicho... *(Recordando.)* Me ha dicho que tendría que elegir entre mi felicidad y Egipto. ¿Es eso cierto, Iras?

IRAS   No debes escuchar a los fantasmas, señora.

CLEOPATRA   Es lo que me queda.

IRAS   ¡No debes escucharles! Son mentirosos. ¡Engañan por el placer de confundirnos! Y anhelan nuestra carne, nuestra carne caliente.

CLEOPATRA   La carne. Sí, es posible que eso sea lo que anhelaba César. Mi carne.

IRAS   Prométeme que no le prestarás oídos.

(Sonido de una trompeta de guerra romana.)

CLEOPATRA   *(Se recompone.)* ¿Qué es eso?

IRAS   Son ellos.

CLEOPATRA   ¿Ya han llegado?

IRAS   Están a las puertas del palacio.

CLEOPATRA   *(Se levanta, regia, y recupera la compostura.)* ¿Y mis soldados?

IRAS   Guardándote.

CLEOPATRA   ¿Ha regresado la flota? *(Silencio.)* He hecho una pregunta y espero una respuesta.

IRAS   Algunos barcos. Muy pocos. La flota se ha perdido.

CLEOPATRA   No debí abandonarle. No debí hacerlo.

IRAS   La reina hizo lo que reclamaba Egipto.

CLEOPATRA   ¿Huir? ¿Eso era lo que reclamaba Egipto? ¿Qué dirá la Historia de Actium? ¿Y de mí? ¿Qué dirá de mí? ¿Qué dirá? ¿Que dejé a Marco Antonio a merced de ese Agripa... que permití, tal vez, que los romanos matasen a mi amante... mi esposo... que fui débil... cobarde...? ¿Qué dirá la historia de mí, Iras? ¿Qué dirá?

IRAS   (*La abraza con fuerza.*) ¿Qué importa la historia, señora? ¿Qué importa lo que nadie piense? ¡Estás viva!

CLEOPATRA   El fantasma, me lo dijo el fantasma... Me dijo que a mí ya solo me quedaba la historia.

IRAS   ¿Qué sabrá un fantasma? Los fantasmas, señora, solo son sombras... No escuches a los fantasmas, niña mía.

CLEOPATRA   Ese es siempre el problema de una reina: saber a quién escuchar y a quién no. ¿Hay noticias de Marco Antonio? (IRAS *niega con la cabeza.*) No está muerto. (*Silencio.*) No lo está.

IRAS   Señora...

CLEOPATRA   Si lo estuviese... yo lo sabría... Una mujer no pierde dos veces al amor de su vida sin que su corazón estalle. Y, como ves, mi corazón todavía no ha estallado. Haz venir a mi médico...

IRAS   (*Con una reverencia.*) Señora.

CLEOPATRA Y búscame un general. Uno cualquiera. Un romano. De la guarnición de Antonio.

IRAS Hay buenos generales en Egipto nacidos del Nilo y...

CLEOPATRA Ha llegado el momento en el que la reina ha de escuchar la verdad, y ningún egipcio va a decírmela. (IRAS *inicia el mutis.*) Iras...

IRAS (*Se detiene.*) ¿Señora?

CLEOPATRA Cuando me trajeron la noticia de la muerte de César, me reí. ¿Lo sabías, Iras?

IRAS Lo sabía, señora.

CLEOPATRA ¿Lo sabías?

IRAS Estuve allí.

CLEOPATRA No te recuerdo.

IRAS Es lo normal.

CLEOPATRA No recuerdo nada más que la risa.

IRAS Señora...

CLEOPATRA La risa inundándome entera, todo mi cuerpo y todo mi ser... La risa y mi alma gritando: No dejes de reír, Cleopatra, ¡no te atrevas a dejar de reír!, porque en el instante en el que dejes de reír y te lo creas, en el momento en el que lo aceptes, será real, César habrá muerto... Habrá muerto, asesinado por veintisiete bestias. ¡Veintisiete! ¿No te parece, Iras, que en Roma todo es excesivo?

IRAS   Sí, señora.

CLEOPATRA   No conocen la mesura y el buen gusto. Son presumidos. Hablan de nuestros eunucos y nuestros flautistas, de nuestras *hetairas* griegas, de nuestras excentricidades de orientales, pero ellos necesitan veintisiete hombres y veintisiete hojas largas para matar a un romano. El mejor de ellos, pero solo uno. Veintisiete. (*Empieza a reír.*) Ríete, Cleopatra, reina del Nilo, ríete y no dejes de reír, porque en el instante en el que tu risa cese, los terribles augurios se harán realidad, y César estará muerto, y Marco Antonio también, y el rencor de Roma llamará a tu puerta. Así que ríete, Cleopatra, ríete y no pares. (*Seca.*) Retírate, Iras. Haz venir a mi médico. (IRAS *inicia el mutis.*) Él... (IRAS *se detiene.*) ¿Él ha venido?

IRAS   ¿Quién, señora?

CLEOPATRA   El niño monstruo. Ese que ha usurpado el nombre de César... ¿ha venido?

IRAS   Está a las puertas.

CLEOPATRA   ¿Cómo es?

IRAS   No le he visto, señora.

CLEOPATRA   Pero habrás oído cosas...

IRAS   Apenas...

CLEOPATRA   ¿Qué dicen de él?

IRAS   Que tiene ojos de tiburón.

CLEOPATRA   ¿Ha pedido audiencia?

IRAS   No.

CLEOPATRA   ¿Ha mandado mensajeros?

IRAS   No.

CLEOPATRA   ¿Prepara a sus hombres para el asalto?

IRAS   No.

CLEOPATRA   Entonces, ¿qué coño está haciendo a las puertas de mi casa derrotada el puto Cayo César Augusto, sobrino de César, e *imperator* de Roma?

IRAS   Nada. Solo esperar.

CLEOPATRA   Esperar ya es mucho. Retírate, Iras. (IRAS *hace mutis.*) ¡Cuánto tiempo has deseado este momento, Octavio! Primero, Octavio, el niño enfermizo, pero astuto... taimado; después, sobrino de César... más tarde, su heredero romano... y, desde la muerte de su *padre*, Cayo César Augusto... Un nombre muy grande para un hijo de puta tan pequeño. (*Sonidos dispersos de una flauta.*) Ese sonido... esa canción... la recuerdo... la recuerdo... Hace tanto tiempo que nadie la tocaba... ¿Padre? ¿Padre? ¿Eres tú, padre? (*Sale a escena un hombre mayor, el rey Ptolomeo XII, llamado* AULETES. *Lleva el rostro pintado, con maquillaje que se descascarilla, y toca una flauta.* CLEOPATRA, *al verle, ríe con absoluta felicidad y él contesta a su risa con sonidos de su flauta.*) ¿Seré reina algún día?

AULETES   Claro que sí, mi niña. Serás reina. La más grande de Egipto. Ven, siéntate aquí, conmigo, en mis rodillas...

(*Él se sienta y ella corre a subirse en sus rodillas.*)

CLEOPATRA   ¿Cuándo seré reina, padre?

AULETES   (*Ríe, divertido.*) Cuando yo ya no esté...

CLEOPATRA   ¿Y dónde irás tú cuando yo sea reina?

AULETES   Me convertiré en un recuerdo.

CLEOPATRA   Yo no quiero que seas un recuerdo.

AULETES   Pues es lo que toca...

CLEOPATRA   ¡Pues no quiero!

AULETES   Te casarás con tu hermano...

CLEOPATRA   ¡Pero yo no amo a mi hermano!

AULETES   Te casarás con tu hermano y juntos reinaréis como faraones del alto Egipto. Tú, Cleopatra, devolverás la gloria a Egipto.

CLEOPATRA   ¿Por qué tengo que casarme con mi hermano?

AULETES   (Se encoge de hombros.) Es la tradición.

CLEOPATRA   Tú no te has casado con tu hermana...

AULETES   Yo, mi niña, he sido más griego que egipcio en todos los sentidos. Pero el pueblo no me quiere.

CLEOPATRA   Si el pueblo no te quiere, yo tampoco querré al pueblo.

AULETES   Jamás digas eso. Ni te atrevas a pensarlo. En el pueblo está tu fuerza.

CLEOPATRA   ¡Padre, si el pueblo no te quiere, yo los mandaré azotar! ¡Los desollaré! ¡Y los azotaré a cada uno de ellos, una y otra vez, hasta que te quieran como yo te quiero a ti!

AULETES   Mi niña, mi terrible Cleopatra, ¿sabes cómo me llaman a mis espaldas? El rey flautista. Así me llaman.

CLEOPATRA   ¡Les cortaré la lengua y se la haré comer, padre!

AULETES   Déjales. No importa. Yo no importo. Los romanos me han devuelto mi trono, el trono que tu hermana Berenice me arrebató, y les estoy agradecido. Ellos aceptan nuestro grano y nuestro dinero y me llaman Auletes... por mi flauta. (Se ríe.) ¿Sabes por qué me llaman así?

CLEOPATRA   ¿Porque te gustan los muchachos?

AULETES   Eres muy lista, Cleopatra. El grano y el pueblo serán tus armas, mi niña. El pueblo te hará faraón. El pueblo y los sacerdotes de Menfis. Y Roma se arrodillará ante ti por el grano. Escúchame, Cleopatra, yo soy rey porque así lo decidió Roma. Soy un títere, un títere nada más. Egipto no es tierra de reyes. Es tierra de faraones. Niña reina, tuyo es el derecho y el poder. Tienes la sangre y la fuerza, ¡lo veo en tus ojos!, de reclamar el verdadero trono de Egipto, de vivir sin miedo a Roma, sin miedo a nadie. Cleopatra, tú más que ninguno de nosotros, has nacido para reinar. Que nunca se te olvide esto. Cásate con tu hermano y sé faraón. Sé Egipto, Cleopatra.

CLEOPATRA   ¿Y por qué tú no puedes ser faraón?

AULETES   Porque a mí me interesan demasiado otras cosas... (*Se levanta y toca la flauta, divertido.*) No te enfades conmigo por ser débil, Cleopatra. En estos, los últimos días de mi vida, me siento más antiguo griego que nuevo egipcio. El trabajo de rey no va conmigo. (*Sonido de risas de muchachos a lo lejos.* AULETES *responde con su flauta. Se ríe. Mira a* CLEOPATRA.) No estés triste, reina niña.

(*Mutis. Silencio.* CLEOPATRA *sube, con esfuerzo, los escalones que la separan de su trono. Se sienta en él. Se ríe.*)

CLEOPATRA   ¡Cuánto silencio! ¡Cuánto silencio en un palacio que hace, apenas, una luna, era una orgía de risas y música! ¿Qué le ha pasado a mi Egipto? (*Ruido de pisadas de botas militares acercándose.* CLEOPATRA *se encoge, de pronto, presa del miedo en el trono. Sale a escena* ENOBARBO, *un romano noble, de sangre y de carácter.*) Ah, eres tú.

ENOBARBO   Tu criada me ha dicho que querías ver a un romano.

CLEOPATRA   Así es, Enobarbo.

ENOBARBO   ¿Y qué desea la reina?

CLEOPATRA   ¿Te desagrado, romano? (*Silencio.*) Te he hecho una pregunta. ¿Te desagrado?

ENOBARBO   Mucho.

CLEOPATRA   Ahora ya puedo estar segura.

ENOBARBO   ¿De qué?

CLEOPATRA   De que serás sincero conmigo. (*Silencio.*) ¿Y tu general?

ENOBARBO   En el mar. Muerto.

CLEOPATRA   ¿Y me culpas a mí?

ENOBARBO   ¿A quién si no?

CLEOPATRA   Esa no es la manera en la que se habla a una reina en Egipto.

ENOBARBO   En Roma no hay reyes.

CLEOPATRA   Los hubo.

ENOBARBO   Los matamos. Hace mucho tiempo.

CLEOPATRA   No hace tanto tuvisteis uno. César.

ENOBARBO   César murió creyendo en la República.

CLEOPATRA   Y Augusto, ¿en qué cree Augusto?

ENOBARBO   Lo descubrirás pronto.

CLEOPATRA   ¿Con cuántos soldados contamos en el palacio?

ENOBARBO   No con los suficientes.

CLEOPATRA   ¿Y los aliados de Marco Antonio?

ENOBARBO   ¿Sus aliados?

CLEOPATRA   Sí. Sus reyes clientes... ¿qué me dices de ellos?

ENOBARBO   Ahora mismo estarán preparando embajadas y eligiendo los mejores regalos de entre sus tesoros para Augusto.

CLEOPATRA   ¿No hay esperanza de resistencia?

ENOBARBO   No la hay.

CLEOPATRA   ¿Tomará el palacio?

ENOBARBO   Lo tomará.

CLEOPATRA   ¿Y qué harás tú?

ENOBARBO   ¿Qué haré yo?

CLEOPATRA   Cuando Cayo César Augusto llame a mis puertas...

ENOBARBO   Cuando las tire abajo.

(*Silencio.*)

CLEOPATRA   Cuando el jodido *imperator* Cayo César Augusto tire abajo mis puertas, ¿qué harás tú, romano?

ENOBARBO   ¿Qué haré yo? Lo he pensado muchas veces, Cleopatra. ¿Qué haré yo cuando llegue el momento de socorrerte o dejarte a tu suerte? ¿Qué haré yo? (*Silencio.*) Cumpliré con mi deber. Antonio, mi general, me dijo: *quédate con ella, quédate con ella y asegúrate de que nada malo le sucede.*

CLEOPATRA   Gracias, Lucio Décimo Enobarbo.

ENOBARBO   He dado mi palabra. No merezco tu gratitud.

CLEOPATRA   Aun así, agradezco tu sinceridad.

ENOBARBO   ¿Ordenas algo más, Cleopatra?

CLEOPATRA   No, romano. No ordeno nada más. (ENOBARBO *hace mutis. Silencio.*) La derrota suena a silencio. Terrible silencio en los pasillos y en el alma. Soy la última de mi casa. La última. Muerto mi primer esposo, mi hermano traidor, ahogado en el campo de batalla por el peso de una coraza que no era la coraza de un niño; muerto mi segundo esposo, mi otro hermano... pobrecito mío... enamorado de los gatos y las canciones, tan pequeño, tan frágil, tan parecido a mi padre... ¿A quién debe escuchar una reina? Los médicos, para curar los ahogos de mi hermano, Ptolomeo XIV, le aconsejaron un viaje por el Nilo... y la humedad del río acabó por rematarle... ¿A quién debe escuchar una reina para no quedarse sola? La última de los ptolomeos, la última descendiente de Alejandro... la última...

(*La sombra de una muchacha sale a escena, manteniéndose siempre en el foro. Se trata de* ARSINOE, *una princesa egipcia.*)

ARSINOE   La última, Cleopatra...

CLEOPATRA   La última...

ARSINOE   Porque me asesinaste...

CLEOPATRA   ¿Qué? ¿Quién eres?

ARSINOE   Porque asesinaste a tu hermana pequeña...

CLEOPATRA   (*Grita.*) ¡Hice lo que tenía que hacer! (*Llorando.*) Siempre he hecho lo que se esperaba de mí. ¡Nada más! ¡No podéis culparme por hacer lo que el destino esperaba de mí! (*Grita.*) ¡No es justo!

(*Mutis de* ARSINOE. *Sale a escena a buen paso, tambaleándose, sangrando por heridas recientes, un romano de mando, Marco* ANTONIO.)

ANTONIO   ¡Cleopatra!

CLEOPATRA   ¡Antonio! (ANTONIO *corre hacia ella, pero* CLEOPATRA *se escapa como un animal herido.*) ¿Eres tú, Antonio?

ANTONIO   ¿Quién habría de ser si no?

CLEOPATRA   Otro fantasma que viene a castigarme por mis crímenes.

ANTONIO   ¿Qué crímenes, Cleopatra?

CLEOPATRA   Mi alma se ahoga en la sangre de todos los crímenes que he cometido. Si eres Antonio, abrázame... y si eres una sombra, por favor, vete. ¡Te lo suplico! No tengo más fuerzas. No las tengo, y temo que si se me obliga a soportar una brizna más de culpa, me disolveré como la sangre en el agua. Si eres Antonio abrázame y no me pidas nunca más que sea fuerte.

    (ANTONIO *la abraza. Ella se resiste, asustada.*)

ANTONIO   Soy yo, Cleopatra. ¡Antonio!

    (CLEOPATRA, *al comprender que es él, responde al abrazo y estalla en llantos. Le empieza a besar por toda la cara.*)

CLEOPATRA   ¡Mi amor! ¡Mi amor! Sabía que no habías muerto. ¡Lo sabía! Estaba segura. Todo el mundo creía que habías muerto, pero yo sabía que estabas vivo. ¡Lo sabía! (*Habla muy rápido.*) Lo sabía, lo sabía, lo sabía, lo sabía, lo sabía... (*Le besa con pasión sin dejar de acariciarle la cara frenéticamente.*) ¡Lo sabía, lo sabía, lo sabía...! Aunque tus barcos se bañaban en fuego y los alaridos de los hombres me obligaban a taparme los oídos con fuerza, con fuerza, con mucha fuerza, a pesar de todo ello, yo sabía que tú estabas vivo... (*Habla de nuevo muy rápido.*) Lo sabía, lo sabía, lo sabía, lo sabía, lo sabía...

ANTONIO   (*Intenta sujetarle las manos.*) Cleopatra... (*Ella sigue besándole y acariciándole. Igual.*) Cleopatra. (*Ella le besa con más pasión, mientras él intenta apartarse.*) ¡Cleopatra!

CLEOPATRA   (*Brusca.*) ¿Qué?

ANTONIO   ¿Dónde estabas?

CLEOPATRA   ¿Dónde estaba?

ANTONIO   Tus barcos.

CLEOPATRA   La flota egipcia...

ANTONIO   La flota egipcia, sí. ¿Dónde estaba?

CLEOPATRA   Antonio...

ANTONIO   ¿Por qué te retiraste? (*Silencio.*) ¿Por qué huiste?

CLEOPATRA   ¿Qué más da eso ahora, mi amor? Estamos juntos. Juntos de nuevo. ¿Qué importa el mundo si tú y yo estamos juntos?

ANTONIO   Podríamos haber vencido, Cleopatra.

CLEOPATRA   Antonio...

ANTONIO   Podríamos. Si tú no te hubieras llevado tus barcos...

CLEOPATRA   La situación era desesperada...

ANTONIO   Lo era. Pero, a veces, en el combate, cuando parece que todo... cuando parece... en ocasiones... el ánimo de los hombres se enardece y... cuando todo está... ¿cuál es la palabra? Hay una palabra, pero se me resiste. ¿Cuál es...? Cuando todo está...

CLEOPATRA   Perdido. Cuando todo está ya perdido.

ANTONIO   Perdido. Esa es la palabra que se me resistía. Perdido.

CLEOPATRA   No había nada que hacer. Luchabais contra lo imposible. No había nada que hacer... y yo...

ANTONIO   ¿Tú?

CLEOPATRA   Salvé lo que quedaba. Nada más. Lo intenté, al menos. Volvimos a puerto muy pocos. Muy pocos, Antonio. Los barcos romanos son veloces y en la retirada... Ya sabes... Solo hice eso: intenté salvar lo que quedaba. Así me educaron. Egipto debe sobrevivir. (*Silencio.*) Lo primero.

ANTONIO   Así te educaron.

CLEOPATRA   Así fue.

ANTONIO   Así es Egipto. (ANTONIO *la mira un segundo.*) Hiciste... bueno, supongo que hiciste lo correcto. Lo que había que hacer. A mí nunca se me ha dado bien hacer lo que era necesario. He elegido siempre la diversión por encima del deber... (*De pronto, parece mayor, cansado. Se encamina hacia uno de los tronos, pero en el segundo escalón le faltan las fuerzas y se sienta ahí mismo.* CLEOPATRA *se acerca a él.*) En realidad, he logrado mucho... Si se tiene en cuenta mi inclinación natural, he llegado lejos... ¿Sabes? Desde niño he temido la derrota. La he temido siempre y ahora que ha llegado... no es tan terrible. No es grave, en realidad. Octavio ha vencido y yo he perdido. Escucha. ¿Ves? No cambia nada. Lo he dicho en alto y no ha cambiado nada. Yo sigo siendo Antonio y tú sigues siendo Cleopatra. No ha cambiado nada. (*Intenta sonreír.*) Has hecho bien. Has hecho bien salvando la flota egipcia. Has hecho el trabajo de una reina.

CLEOPATRA   (*Se sienta.*) Tampoco ha servido de mucho.

ANTONIO   ¿Cuántos hombres tenemos?

CLEOPATRA   No los suficientes.

ANTONIO   Octavio está a las puertas de palacio.

CLEOPATRA   Ahí está.

ANTONIO   Negociaremos.

CLEOPATRA   ¿Con él?

ANTONIO   Aún quiere nuestro grano. El grano de Egipto nos salvará. Y Roma... bueno, Roma siempre me ha preferido a él. Yo soy alegre y él es triste. A nadie le gusta la gente triste. Serán tiempos duros, al principio... pero luego resurgiremos. Hablaré con él. Le diré que... bueno, le diré que... (ANTONIO *comienza a reírse.* CLEOPATRA *le sigue. Ella le coge de la mano.*) Sobreviviremos, Cleopatra. Sobreviviremos.

CLEOPATRA   Si esto tenía que pasar... si no había más remedio, prefiero que pase contigo.

ANTONIO   (*Con lágrimas en los ojos.*) ¿De verdad?

CLEOPATRA   De verdad.

ANTONIO   Nos hemos divertido...

CLEOPATRA   Mucho, mi vida. Mucho.

(*Silencio.*)

ANTONIO   Y esto no es el final. No lo es. Hablaré con Octavio. Llegaremos a acuerdos. A lo mejor, me deja exiliarme aquí contigo. A lo mejor...

CLEOPATRA   A lo mejor.

(ANTONIO *apoya la cabeza en el regazo de* CLEOPATRA. *Ella, con la mirada fija en el horizonte, le acaricia con mimo el cabello.*)

ANTONIO   En Farsalia, César perdonó a los rebeldes. A todos, les perdonó. No mató a ningún romano noble.

CLEOPATRA   Augusto no es César.

ANTONIO   (*Riéndose como un niño.*) Encontró a Bruto, ¡al gran Bruto!, al orador, al mártir, ¡al estoico!... le encontró en mitad del campo de batalla, escondido debajo de un escudo. ¡Qué miserable! ¿Y qué hizo César?

CLEOPATRA   (*En un susurro.*) Le tendió la mano y le dijo: ¡*Levántate, Bruto!*

ANTONIO   (*Sin escucharla.*) Le tendió la mano y le dijo: ¡*Levántate, Bruto!* Y le perdonó. A él y a todos los demás. Les perdonó. Y cuando le contaron que tu hermano... ¿cómo se llamaba ese niño gordo?

CLEOPATRA   Ptolomeo XIII... como mi padre fue Ptolomeo XII y mi esposo Ptolomeo XIV... Todos se llaman igual.

ANTONIO   Ptolomeo... (*Se ríe.*) Ptolomeo. César lloró... cuando tu hermano le mandó la cabeza de Pompeyo en una cesta... ¡La cabeza de su más temible enemigo! Y César lloró al verla.

CLEOPATRA   Pero Augusto no es César...

ANTONIO   (*Se duerme.*) Y yo mismo, yo mismo en Filipos... Los hombres de Bruto y Casio se rendían a mis pies, porque sabían que yo les perdonaría... les perdonaría porque es lo honorable entre romanos... porque es lo que César hubiese hecho...

CLEOPATRA   (*Llorando.*) Y esa generosidad es lo que le costó la vida. Y Augusto lo sabe, y por eso los hombres se rendían ante ti, mi amor, mi amor dulce y fanfarrón, mi pobre general vencido, se rendían ante ti, porque sabían –como yo sé– que Augusto no es César.

(*Sale a escena, a buen paso,* OLIMPO, *un médico griego.*)

OLIMPO   ¡Señora!

CLEOPATRA   Calla, Olimpo. Calla. El general duerme.

OLIMPO   ¿Está bien?

CLEOPATRA   (*Le mira súbitamente.*) No, no está bien. Nada está bien. Es el fin del mundo. El fin de nuestro mundo. (*Oscuro. Música. La escena, lentamente, se ilumina en una suerte de penumbra, que permite adivinar tan solo formas. En esta penumbra, ANTONIO y OLIMPO hacen mutis, mientras CLEOPATRA se viste con sus ornamentos de faraón, ayudada diligentemente por IRAS. De nuevo, se hace la luz, justo cuando CLEOPATRA regresa a su trono. Sale a escena OLIMPO.*) ¿El general?

OLIMPO   Descansa. (*Silencio.*) Cleopatra debería descansar también.

CLEOPATRA   ¿Me hablas como médico o como amigo?

OLIMPO   Como ambas cosas a un tiempo.

CLEOPATRA   ¿Son graves sus heridas?

OLIMPO   Las del cuerpo, no. Rasguños y torceduras. Nada más. Pero las del alma, las del alma son más complicadas de curar...

CLEOPATRA   Es fuerte. Sanará.

OLIMPO   La derrota a su edad...

CLEOPATRA   Es fuerte.

OLIMPO   Ningún hombre es fuerte cuando llega al crepúsculo de sus años, señora, y verse vencido...

CLEOPATRA   ¿Le has procurado algo para dormir?

OLIMPO   Un bálsamo ligero.

CLEOPATRA   Llegado el momento... (*Silencio.*) Olimpo, si llega el momento, júrame que me ayudarás...

OLIMPO   Señora, lo que me pides...

CLEOPATRA   ¡Olimpo! (*Silencio.*) No dejes, amigo, que me lleven cargada de cadenas a Roma. Si llega el momento en el que toca elegir entre mi vida y mi dignidad, ayúdame a elegir la dignidad... (*Silencio.*) ¿Cómo hemos llegado hasta aquí?

OLIMPO   Dando un paso y después, otro.

CLEOPATRA   Recuerdo, ¿sabes, Olimpo?, recuerdo la primera vez que vi a Marco Antonio. Yo era apenas una niña. Vino como parte, creo recordar, de una embajada. Cenamos a orillas del Mareotis. Eso sí lo recuerdo bien. Lo enviaba César... El motivo se me escapa. Era una embajada romana y a mí me sorprendió su soberbia. Trataban a mi padre como a un cualquiera. No entendía que el mundo era de ellos y que Egipto no era más que otro pedazo de su mundo. No lo comprendí entonces, como tampoco lo he comprendido... hasta ahora. Hoy, por desgracia, lo entiendo. ¿Crees, Olimpo, que una mujer puede gobernar?

OLIMPO   Tú lo has hecho.

CLEOPATRA   No te he preguntado eso.

OLIMPO   Creo que hombres y mujeres somos capaces de lo mismo... y, por eso, nunca me han gustado ni hombres ni mujeres.

CLEOPATRA   ¿Era Alejandro como tú, Olimpo?

OLIMPO   ¿Alejandro?

CLEOPATRA   ¿Hablaba como tú?

OLIMPO   (*Sonriendo.*) Eso no puedo saberlo, Cleopatra. Hace mucho tiempo de Alejandro. Y, en realidad, él no era griego. Era macedonio. Pero ambos fuimos educados por filósofos, si a eso te refieres.

CLEOPATRA   En Egipto no tenemos filósofos.

OLIMPO   Tenéis sacerdotes, y los sacerdotes casan mal con los filósofos.

CLEOPATRA   Cuando vi a Marco Antonio por primera vez pensé que así debía de haber sido Alejandro. Como él. Sentí que era la reencarnación de mi antepasado. Y ahora, ahora que llega el final, pienso si la carne de Antonio será horadada por repugnantes gusanos como la de Alejandro, y si también sus huesos se convertirán en polvo.

OLIMPO   Así será, señora.

CLEOPATRA   ¿Crees que los que vendrán se acordarán de nosotros? De Alejandro, de César, de Antonio... ¿de mí?

OLIMPO   Soy médico. No sé nada de recuerdos o de sombras. Ni siquiera sé del alma. Sé lo que hay que hacer cuando una articulación se inflama; sé qué hacer cuando un niño viene torcido a este mundo; y sé cómo se cose una herida. Hasta ahí llego yo.

CLEOPATRA   Estoico hasta el final.

OLIMPO   Lo intento, Cleopatra. Lo intento.

CLEOPATRA   Yo también lo intento, Olimpo. Puedes irte.

(OLIMPO *inicia el mutis. Se detiene justo antes de salir.*)

OLIMPO   Señora... (*Silencio.*) No dejaré que te lleven cargada de cadenas a Roma. He cuidado de ti toda la vida, y antes de ti, cuidé a tu padre, y no permitiré que la reina Cleopatra VII, *Thea Filopátor*, sea llevada a Roma como botín de guerra.

CLEOPATRA   Te lo agradezco, amigo mío. (OLIMPO *hace mutis. Intenta recordar.*) Esa embajada... Los romanos le habían devuelto el trono a mi padre y... ¿Qué querrían? ¿Qué querrían... ahora? (*Recuerda.*) En el Mareotis hay cocodrilos.

Muchos cocodrilos. E hipopótamos. Son aguas tan hermosas como temibles.

(*Sale a escena* ANTONIO, *vestido de gala, con energía y fuerza, bebiendo de una copa de oro.* CLEOPATRA *adopta una postura coqueta, infantil y pizpireta.*)

ANTONIO   ¿Y no son los cocodrilos peligrosos para una jovencita?

CLEOPATRA   A mí no me da miedo nada.

ANTONIO   ¿Nada?

CLEOPATRA   Nada.

ANTONIO   Eso es imposible. Todos tenemos miedo a algo. Tal vez, aún no lo has encontrado.

CLEOPATRA   Yo no soy como tú.

ANTONIO   ¿No lo eres?

CLEOPATRA   Soy una diosa viva. Y las diosas vivas no admitimos que se nos tilde de *jovencitas*.

ANTONIO   ¿Qué edad tienes?

CLEOPATRA   Trece años.

ANTONIO   (*Riendo.*) Me pareces demasiado joven para ser una diosa...

(CLEOPATRA *le abofetea con fuerza. Los dos se miran.* CLEOPATRA *vuelve a intentar abofetearle, pero* ANTONIO *detiene su mano. Se la sujeta con fuerza.*)

CLEOPATRA Suéltame.

ANTONIO Pídelo *por favor.* (CLEOPATRA *se ríe.*) Seguiré apretando hasta que se rompa la muñeca.

CLEOPATRA Puedes seguir apretando hasta que se rompa la puta muñeca. De mis labios, nunca, en la vida, vas a oír esas palabras.

ANTONIO (*Se acerca a ella.*) Dilo. *Por favor.*

CLEOPATRA ¡No sé cómo se pronuncia esa mierda! (ANTONIO *se acerca a besarla.* CLEOPATRA *permite que llegue muy cerca, y, entonces, le golpea con la otra mano.* ANTONIO *la suelta por la sorpresa.* CLEOPATRA *se aleja riendo.* ANTONIO *ríe a su vez.* CLEOPATRA *se sienta en el trono. Cambia su actitud corporal. De niña pasa a joven mujer.*) ¿No lo recuerdas, Antonio?

ANTONIO Tendrás que perdonarme, reina Cleopatra, pero no lo recuerdo.

CLEOPATRA Yo tenía trece años. Viniste a Egipto como embajador.

ANTONIO He cumplido muchas embajadas en mi vida.

CLEOPATRA   Intentaste besarme.

ANTONIO   He besado a muchas mujeres.

CLEOPATRA   Lo intentaste.

ANTONIO   Cierto. Y he ahí una novedad. ¿No lo conseguí?

CLEOPATRA   No.

ANTONIO   Lástima.

CLEOPATRA   ¿Y qué desea el poderoso triunviro Marco Antonio de Egipto?

ANTONIO   Visito *mi* parte del mundo.

CLEOPATRA   ¿Tu parte?

ANTONIO   Del mundo.

CLEOPATRA   ¿El mundo es tuyo?

ANTONIO   Compartido.

CLEOPATRA   Yo no suelo compartir. No me gusta.

ANTONIO   Ahora lo recuerdo. Eras una niña consentida y contestona.

CLEOPATRA   ¿Por qué los que tienen poco acusan de *consentidos* a los que lo tenemos todo?

ANTONIO   Tenerlo todo es aburrido. Si *todo* está en tu mano... ¿qué queda por lograr? Sin retos, sin campañas, sin guerra, sin sangre, sin riesgo...

CLEOPATRA   ¿Sin amor?

ANTONIO   ... sin amor... la vida es aburrida. No reconozco tus ropas, Cleopatra. No recuerdo a ningún egipcio vestido como tú.

(CLEOPATRA *se ríe y se levanta del trono. Se exhibe.*)

CLEOPATRA   Es mi disfraz de diosa.

ANTONIO   Disfraz.

CLEOPATRA   Venus.

ANTONIO   ¿Eres Venus?

CLEOPATRA   Soy Isis. Pero para ti, para recibirte, en *mi parte del mundo*, me disfrazo de Venus.

ANTONIO   ¡Qué gentileza la tuya!

CLEOPATRA   A los romanos hay que daros... lo que los romanos queréis, aunque todavía no lo sepáis.

ANTONIO   ¿Y qué quiero yo?

CLEOPATRA   El resto del mundo. La parte que no te ha tocado.

ANTONIO   (*Ríe, mientras se sienta en uno de los tronos.*) Tengo oriente. ¿Para qué voy a querer yo el África de Lépido o Roma?

CLEOPATRA   Hasta mí llegaron noticias de que Roma y occidente habían quedado en manos de Octavio...

ANTONIO   Augusto. No te equivoques. Ahora el niño Octavio se hace llamar Cayo César Augusto.

CLEOPATRA   ¿César?

ANTONIO   Su tío le convirtió, poco antes de morir, de morir asesinado, en su heredero universal. Le dio hasta su nombre. (*Golpea la copa contra el trono.*) ¡Más vino! ¡Más vino! ¡Necesito más vino, canallas! Esa sombra enfermiza, llevando el nombre de César. ¡Oprobio de su sangre! Pero el viejo le hizo su heredero. A los demás, nos dejó solo la pena de su ausencia. (*Golpeándo de nuevo con furia.*) ¡Más vino, he dicho! (*Sale a escena* IRAS *con una jarra de vino y otra copa para* CLEOPATRA. *Les sirve rápidamente.*) ¿Para qué quiero yo Roma?

(IRAS *hace mutis.*)

CLEOPATRA   Roma es una vieja puta de la que los romanos no sois capaces de deshaceros.

ANTONIO   Puede ser. ¿Qué más dicen tus rumores?

CLEOPATRA   No podía creerlos... ¿cómo iba a ser que el valiente Marco Antonio, el inteligente, el estratega, el brillante, el conquistador, hubiese cedido Roma sin luchar?

(ANTONIO *se ríe y vacía su copa.*)

ANTONIO   Yo no he cedido nada, Cleopatra. ¿El niño quiere Roma? Que se la quede y que le aproveche. ¡Que se atragante! Roma es una trampa. Una trampa insaciable. ¿Sabes qué más se ha quedado con Roma, el hijo de César? La obligación de alimentarla. Mientras tanto, yo me he quedado con el grano. El grano está en oriente. Las bocas famélicas, en Roma. Ya veremos quién necesita a quién.

CLEOPATRA   Octavio...

ANTONIO   Augusto.

CLEOPATRA   Esa hiena no es el hijo de César.

ANTONIO   Él cree que sí.

CLEOPATRA   César solo ha tenido un hijo. Conmigo. Ptolomeo XV, *Filopátor Filométor* César, llamado Cesarión. Idéntico a su padre en todo. Su único hijo y su reflejo. Si vienes conmigo a Alejandría, podrás conocerle.

ANTONIO   ¿La reina me invita a su casa?

CLEOPATRA   Ven a Alejandría conmigo. No te arrepentirás.

ANTONIO   Tengo mucho que visitar. Oriente es grande. No puedo desatender mis otras posesiones. ¿Qué me ofrece Alejandría que no me ofrezcan otras ciudades?

CLEOPATRA   En Alejandría podrás follar conmigo.

(CLEOPATRA *le besa con pasión.* ANTONIO *responde. De pronto,* ANTONIO *se detiene. Los dos jadean, excitados.*)

ANTONIO   ¿Fuiste la amante de César?

CLEOPATRA   Fui su esposa. Casada con él delante de nuestros dioses y de los suyos.

ANTONIO   Yo amaba a César.

CLEOPATRA   Yo también amaba a César.

ANTONIO   Sentí su muerte como propia.

CLEOPATRA   Sentí, también, su muerte como propia.

ANTONIO   (*Mientras se le desborda el llanto.*) Y no pude ayudarle, Cleopatra.

CLEOPATRA   Lo sé, Antonio.

ANTONIO   ¡No pude! Me apartaron de él, ¡me distraje-
ron con artimañas!, y cuando estuvo muer-
to, cuando ya no había César, vinieron a por
mí. ¡Quisieron matarme! (CLEOPATRA, *mientras le escucha, comienza a secarle las lágrimas, y después a maquillarle a la manera egipcia.*) Tuve que huir... Si quería vivir y ven-
garle, no me quedaba otro remedio que huir.
Tú lo entiendes, ¿verdad, mi amor?

CLEOPATRA   Lo entiendo, y doy gracias a los dioses.

ANTONIO   ¿A los dioses?

CLEOPATRA   A los dioses. Si no hubieras huido, si te hu-
bieses quedado, no habría Antonio. No ha-
bría nada. Y Cesarión y yo no tendríamos
quien nos defendiese en Roma.

ANTONIO   ¡Roma! Estoy harto de Roma.

CLEOPATRA   Roma es el centro del mundo. (*Sube el tono.*)
¡Iras! (*Termina de retocarle.*) Llevas cinco
años aquí, conmigo, en Alejandría... cinco
años de amor y felicidad, pero hay que pensar en Roma... hay que pensar en Roma y en
Cesarión.

ANTONIO   La causa de Cesarión en Roma es complica-
da, Cleopatra.

CLEOPATRA   (*Grita.*) ¡Iras!

(IRAS *sale a escena.*)

IRAS
(Con una reverencia.) Señora.

CLEOPATRA
Trae un espejo.

(Mutis de IRAS.*)*

ANTONIO
Cleopatra... lo de tu hijo...

CLEOPATRA
El hijo de César...

ANTONIO
No es tan sencillo.

CLEOPATRA
Tú te harás cargo. Aunque tu capital sea Alejandría, tienes tanto derecho a Roma como Octavio.

ANTONIO
¿Quién va a aceptar que el hijo de César sea un egipcio?

CLEOPATRA
Lo aceptarán. Tú harás que lo acepten.

ANTONIO
No mientras Augusto controle el Senado.

CLEOPATRA
No le llames así. Me da asco. Octavio. Ese es su nombre.

ANTONIO
Da igual cómo le llames. Jamás aceptará la existencia de otro hijo de César. ¿No ves que todo su poder se sustenta en que lleva su nombre? Intenta quitarle eso, dile que hay

un heredero de la sangre de César, y se defenderá como gato panza arriba. Sin César, Octavio no es nada.

(*Sale a escena* Iras *llevando un espejo. Se lo da a* Cleopatra, *la cual la despide con un gesto precipitado.*)

Cleopatra   ¡Pues ha llegado el momento de que devuelva el nombre de César!

Antonio   No lo hará, Cleopatra. No seas niña. Su dinero es el de César, su posición es la de César, su vida es la de César... Y el pueblo lo ha aceptado así.

Cleopatra   A lo mejor deberíamos ser más severos con Octavio.

Antonio   Pero si le estamos matando de hambre... a él y a Roma... ¿Cómo podríamos ser más severos? El precio que paga por el trigo ya es casi imposible.

Cleopatra   Casi.

Antonio   Imposible, Cleopatra.

Cleopatra   No es suficiente.

Antonio   ¡Cleopatra!

Cleopatra   ¡No es suficiente!

ANTONIO   ¿Y qué quieres que haga?

CLEOPATRA   No lo sé.

ANTONIO   Si tensamos más la cuerda... habrá guerra...

    (Silencio.)

CLEOPATRA   Divórciate.

ANTONIO   ¿De quién?

CLEOPATRA   ¿De quién va a ser? De Octavia. De su hermana.

ANTONIO   ¡Imposible!

CLEOPATRA   Nada es imposible.

ANTONIO   La boda con Octavia fue el broche que cerró mi amistad con su hermano. Si ahora la repudio, el pueblo de Roma lo interpretará como un desaire. A ellos. No sé si me lo perdonarían. Me han perdonado mucho, pero eso...

CLEOPATRA   ¿Y qué?

ANTONIO   No entiendes Roma.

CLEOPATRA   Es que no hay quien la entienda, Antonio.

ANTONIO   ¡Nadie puede gobernar sin el apoyo del pueblo! Roma no es una satrapía como este absurdo lugar que tú llamas *reino*. Seamos pacientes. Esperemos. Llegará el momento. Que Octavio siga siendo el recipiente del odio del pueblo, que siga acumulando el desprecio por matarles de hambre... El pueblo no entiende nada de política. Solo sabe que hay poco grano y culpan a Octavio. Llegará el momento en el que me pedirán que vuelva. Me lo rogarán de rodillas y, entonces, será cuando yo condescienda a regresar. Pero no antes. Tienen que desearlo, ¡tienen que pedirlo! Divorciarme de Octavia sería un mal movimiento.

CLEOPATRA   *(Furiosa.)* ¡Me cago en tus malos movimientos!

ANTONIO   ¡Cleopatra!

CLEOPATRA   ¡Me cago una y otra vez! ¡Me cago en Roma y me cago en ti, Antonio! ¡Y me cago en todos vuestros dioses! ¡Me cago en Júpiter *optimus maximus*!

ANTONIO   ¿Toda esta furia porque no me quiero divorciar?

CLEOPATRA   *(Grita.)* Pero sí quieres follarme.

ANTONIO   No grites, Cleopatra. Me duele la cabeza. (CLEOPATRA *grita como una loca.*) ¡Cleopatra! (CLEOPATRA *le escupe en la cara.*) ¡Eres una mujer absurda!

CLEOPATRA   Yo soy una reina, y no te consiento que me trates como una puta. ¿Tu mujer es Octavia? Pues ve a que ella se abra de piernas para ti.

ANTONIO   ¡Sabes que yo nunca he amado a Octavia!

CLEOPATRA   (*Furiosa.*) Vete a Roma y mete la cara entre sus piernas. ¡Nunca más entre las mías!

              (CLEOPATRA *comienza a pegarle y arañarle como una furia.*)

ANTONIO   ¡¿Pero qué haces?!

CLEOPATRA   ¡Vuelve a Roma!

ANTONIO   ¡No quiero volver a Roma!

CLEOPATRA   ¡Vuelve a Roma y fóllatela a ella!

ANTONIO   ¡Es contigo con quien quiero estar! ¡Es contigo con quien llevo cinco años viviendo! ¡Los cinco mejores años de mi vida! Los cinco años en los que me he sentido más vivo, más libre... más Antonio; menos el reflejo insuficiente y canalla de César...

CLEOPATRA   (*Con ternura.*) Pues divórciate. (*Le muestra su reflejo en el espejo.*) ¿Sabes lo que veo cuando te miro? A un dios.

ANTONIO   (*Ríe con melancolía.*) Un dios...

CLEOPATRA   Un dios como yo soy una diosa. Un dios como ahora lo es César. Un dios con alma romana y corazón egipcio. Acepta lo que eres, Antonio. Corta los antiguos lazos, que Cesarión reine en Roma, y nosotros en el mundo entero. Corta los lazos con Octavio. Divórciate.

ANTONIO   ¡De acuerdo! (*Silencio. Sin voz.*) De acuerdo.

CLEOPATRA   ¡Iras!

ANTONIO   (*Sin voz.*) De acuerdo. Como siempre, tú ganas, Cleopatra.

     (*Sale a escena* IRAS.)

CLEOPATRA   El triunviro quiere escribir una carta a Roma. Que venga su secretario.

     (IRAS *hace mutis.* ANTONIO *se sienta en el trono. Se le ve aturdido.* CLEOPATRA *se acerca. Le besa.* ANTONIO *coge el espejo y se mira. Intenta quitarse el maquillaje.* CLEOPATRA *le detiene.*)

ANTONIO   Desde que vine a vivir a Alejandría...

CLEOPATRA   Conmigo.

ANTONIO   Contigo. Desde entonces, no sé qué rostro veo en el espejo.

     (CLEOPATRA *le besa y le arrebata el espejo.*)

CLEOPATRA   Yo sí sé qué rostro veo, Antonio. (*Silencio.*)
            Veo a un faraón egipcio. Veo a Alejandro.

ANTONIO   ¿Alejandro? ¿De verdad me miras y ves a Ale-
            jandro?

CLEOPATRA   Casémonos. (CLEOPATRA *se sube encima de*
            ANTONIO. *Comienza a hacerle el amor.*) Casé-
            monos.

ANTONIO   Sí, casémonos. ¿Por qué no?

            (*Sale a escena* MARIO, *un secretario itálico, al
            lado de* IRAS, *que lleva útiles romanos de escri-
            tura. Al verles, hace ademán de retirarse, pero
            IRAS le detiene con un gesto duro.*)

IRAS   El general desea escribir una carta.

MARIO   Si el general prefiere hacerlo más tarde...

CLEOPATRA   ¡Siéntate y escribe, condenado!

MARIO   Señora...

ANTONIO   ¿No has oído a tu reina? ¡Escribe!

MARIO   (*Sin voz.*) En Roma no hay reyes...

ANTONIO   ¡Escribe o mando que te corten las manos!
            No sería la primera vez... ¡Las manos y la len-
            gua! ¡Escribe, por el Tártaro! ¡Escri-
            be!(CLEOPATRA *redobla el ímpetu de su ardor.*

Mario *comienza a escribir al dictado.*) Querida Octavia, mi esposa y hermana de Augusto, *bla, bla, bla...* espero que te encuentres bien y que Antoniano crezca sano y fuerte. El motivo de esta carta es para decirte que me divorcio de ti. La causa... la causa... es... es... podría ser... tal vez fuese...

Cleopatra   Que me aburres.

Antonio   ¿Que me aburre?

Cleopatra   ¡Que te aburre y folla como una niña!

(Antonio *se ríe.* Cleopatra *le sigue.*)

Antonio   La causa que alego es que me aburres y follas como una niña.

Mario   General, la dama Octavia es una matrona noble y querida por el pueblo... Si te atreves a escribir en estos términos...

Antonio   Me atrevo a todo lo que se atreva un hombre, y aún a más...

Cleopatra   ¡Escribe!

(*Silencio solo interrumpido por los gemidos de* Cleopatra *y* Antonio.)

Antonio   ¡Ya has oído! Escribe. (Mario *escribe.*) Firmado: Marco Antonio, *imperator* de oriente

y triunviro de Roma. Ah. Un post scriptum...
A tu hermano, que le den mucho por el culo.
Sé que mis buenos deseos serán de su agrado. (CLEOPATRA *tiene un sonoro orgasmo, se-
guido al instante por el de* ANTONIO. *Ambos
quedan extenuados.* CLEOPATRA, *tambaleándose, avanza hasta el secretario y le quita la carta. Coge el sello del anillo de* ANTONIO *y la la-
cra. Se la da a* IRAS. *La despide con un gesto.*)
Te amo, Cleopatra.

CLEOPATRA   Y yo, Antonio. Y yo. ¿Crees que esto, esto
que hemos hecho, despertará al niño?

ANTONIO   ¿Al pequeño Octavio?

CLEOPATRA   Sí.

ANTONIO   Sin duda. No puede dejarlo pasar.

CLEOPATRA   Quiero que Roma reconozca al hijo de César.

ANTONIO   (*Besándola.*) Pues creo que hoy hemos dado
el primer paso.

CLEOPATRA   ¿Y si hacemos más?

ANTONIO   Me das miedo, Cleopatra. A veces, me das
miedo.

CLEOPATRA   ¿Podemos derrotarle?

ANTONIO   ¿A Octavio?

CLEOPATRA   ¿A quién si no?

ANTONIO   Claro que podemos. Cualquiera puede. Octavio no sabe nada de la guerra. Nada. Siempre tiene la nariz metida en sus jodidos libros. No sabe nada de la guerra ni de la vida. No es un hombre. Es un engendro menor de la naturaleza. Que si puedo derrotarle, me preguntas. Claro que sí. Cualquiera puede. Su poder radica en los ábacos. No en las armas.

CLEOPATRA   Entonces... (CLEOPATRA *le besa.*) Subamos el precio del trigo.

ANTONIO   ¿Otra vez?

CLEOPATRA   Las que hagan falta.

(*Silencio.*)

ANTONIO   ¿El doble?

CLEOPATRA   El doble de lo *casi* imposible... No es mala idea...

ANTONIO   ¿Qué maquinas, Cleopatra?

CLEOPATRA   ¿Por qué crees que maquino?

ANTONIO   Porque siempre lo haces. Nunca, jamás, en estos cinco años, he visto tu rostro relajado. Ni aun cuando duermes.

CLEOPATRA   La reina de un reino que no se sabe defender solo, no tiene el privilegio de descansar.

ANTONIO   ¡Egipto, Egipto! ¡Siempre el puto Egipto! (CLEOPATRA *guarda silencio.* ANTONIO *se aparta de ella, furioso.*) ¿Qué estás pensando, mujer? Dilo ya de una vez. No te andes con rodeos. De todo lo que odio de vosotros los orientales, y es mucho, lo que más desprecio es lo retorcidos que sois. ¿Por qué nunca podéis decir lo que queréis sin más? ¿Por qué? Aborrezco vuestra alma taimada. Octavio, en realidad, es más egipcio que romano. Odio lo tortuoso de vuestro carácter... Eso... y los eunucos. Ya me dirás tú para qué hacen falta tantos hombres sin huevos en una ciudad.

CLEOPATRA   Son leales.

ANTONIO   ¿A qué?

CLEOPATRA   A mí. Nada les distrae de su cometido. Nada les conmueve. Son leales.

ANTONIO   Son repugnantes. (CLEOPATRA *le sirve más vino.*) ¿Qué estás pensando, Cleopatra?

CLEOPATRA   El triple.

(*Silencio.* ANTONIO *se pasea, pensativo.*)

ANTONIO El triple.

CLEOPATRA (*Riendo.*) ¡El triple!

(ANTONIO *comienza a reírse. Se acerca a* CLEO-
PATRA *y le agarra la cara con las manos. La besa
con pasión.*)

ANTONIO Vas a volver loco al puto Octavio Augusto.
(ANTONIO *va a servirse, pero la jarra está vacía.*) ¡Vino! ¡Más vino!

(ANTONIO *hace mutis, riendo.* CLEOPATRA *ríe
con él. De pronto, se queda callada.*)

CLEOPATRA Y, al final, va a ser Augusto el que nos vuelva locos a nosotros. Ese pequeño hijo de
puta... ¿Quién me iba a decir a mí, mientras
estaba entre los brazos de Antonio, los brazos
más fuertes de Roma, que había un cerebro,
un cerebro oscuro y matemático, el cerebro
de un insecto, que acabaría por doblegar esos
brazos? No podíamos perder... y perdimos.
Y ahora, después de la derrota, ya solo me
quedan los recuerdos.

(*Sale a escena* IRAS. *Hace una reverencia.*)

IRAS Señora, un romano solicita audiencia con la
reina.

CLEOPATRA   ¿Un romano?

IRAS   Eso ha dicho.

CLEOPATRA   *(Con miedo mal disimulado en la voz.)* ¿Él?

IRAS   No lo parece.

CLEOPATRA   ¿No te ha dicho su nombre?

IRAS   Solo dice que desea tratar un asunto urgente que únicamente puede solventar con la reina Cleopatra.

CLEOPATRA   Hazle pasar. (IRAS *hace una reverencia.)* Iras, asegúrate de que Antonio no se cruza con ese romano. (IRAS *asiente y hace mutis. Silencio.* CLEOPATRA *se yergue en el trono. Parece más reina que nunca. Silencio.)* ¿Y por qué me hace esperar este majadero desconocido? ¡Qué bajo has caído, Cleopatra! ¡Qué bajo! *(Sale a escena un romano embozado. Silencio.)* Tú dirás, romano.

AGRIPA   No he traído armas.

CLEOPATRA   Si Octavio me quisiera muerta, ya habría tomado el palacio por la fuerza.

AGRIPA   No, Augusto no te quiere muerta... todavía.

CLEOPATRA   Todavía.

AGRIPA   Eso he dicho, Cleopatra.

CLEOPATRA   Me llevas ventaja.

AGRIPA   ¿Ventaja?

CLEOPATRA   Eso he dicho, desconocido. Tú sabes mi nombre y yo no sé con quién estoy hablando.

AGRIPA   Y aun así, me recibes.

CLEOPATRA   En Alejandría somos hospitalarios.

AGRIPA   No me lo ha parecido hasta el momento.

CLEOPATRA   Si has venido con Octavio, has equivocado las compañías.

AGRIPA   Él prefiere Augusto.

CLEOPATRA   Por eso yo le llamo Octavio. ¿Quién eres?

AGRIPA   (*Desembozándose.*) Marco Vipsanio Agripa.

CLEOPATRA   El perro de Octavio.

AGRIPA   Prefiero *su general.*

CLEOPATRA   Es justo. Al fin y al cabo, tú has ganado la batalla.

AGRIPA   Como Antonio ha perdido la tuya.

CLEOPATRA   Habéis tenido suerte.

AGRIPA   En eso, señora, tienes mucha razón. Si los egipcios no hubiesen abandonado a Marco Antonio, sin duda, el general habría salido victorioso. El error de Egipto ha sido mi fortuna. Nada más.

CLEOPATRA   ¿Has venido a humillarme?

AGRIPA   No es esa mi intención.

CLEOPATRA   Entonces, ¿qué quieres de mí?

AGRIPA   He venido a negociar.

CLEOPATRA   ¿En nombre de Octavio?

AGRIPA   Señora, prefiero que me llames perro a mí que a él por ese nombre.

              (*Silencio.*)

CLEOPATRA   Eres noble, Agripa. ¿Qué deseas?

AGRIPA   He venido a negociar en mi propio nombre.

CLEOPATRA   ¿Es tu nombre tan poderoso que puedes negociar sin mandato de nadie? ¿Es más grande Agripa que los triunviros?

AGRIPA   Augusto es un noble romano y Antonio también lo es.

CLEOPATRA   ¿Lépido ya no es noble?

AGRIPA   Lépido se levantó en armas contra Augusto y por eso, ya no es noble... ni triunviro.

CLEOPATRA   No es lo que yo he oído.

AGRIPA   No presto oídos a rumores. Solo creo lo que veo con mis ojos.

CLEOPATRA   Y Antonio es noble.

AGRIPA   Aún lo es.

CLEOPATRA   Pero yo no.

AGRIPA   Cleopatra, tú eres una reina. Más noble que ninguno de nosotros.

CLEOPATRA   Me resultas incomprensible, romano.

AGRIPA   Busco una reconciliación. Entre Augusto y Antonio, entre oriente y occidente... y, si es posible, entre Egipto y Roma.

CLEOPATRA   Continúa. Te escucho con atención.

AGRIPA   No quiero que Augusto regrese a Roma como el asesino de Marco Antonio.

CLEOPATRA   Pocas opciones más le quedan.

AGRIPA   Si Antonio se pliega a los deseos de Augusto, si regresa con la dama Octavia, y acepta su culpa, si, contrito y derrotado, pide clemencia a Augusto... Si la reina acepta bajar el precio del trigo, si Egipto se convierte en provincia romana, conservando a sus reyes, claro está, como hicieron los judíos, entonces, la clemencia de Augusto se extendería a ella, también... Y, tal vez, entonces, de esa manera...

CLEOPATRA   ¿Ha hablado Augusto de clemencia? (*Silencio.*) Romano, no entiendes a tu pueblo.

AGRIPA   Entiendo que una guerra civil es la peor de las guerras.

CLEOPATRA   Eres sabio, además de noble.

AGRIPA   No son mis palabras. Pertenecen al divino Cayo Julio César.

CLEOPATRA   ¿Sigue Roma amando a Antonio?

AGRIPA   Roma le ama. Sí. Así es.

CLEOPATRA   Mientras Roma ame a Antonio, Augusto no puede perdonarle. No puede y no debe. ¿Qué pasaría si Antonio regresase a Roma vencido? ¿Qué dirían los romanos si viesen a su hijo amado y perdido, derrotado por el frío y cruel... Augusto? ¿Es amado Augusto en Roma?

AGRIPA   Apenas tolerado.

CLEOPATRA Ahí tienes la respuesta a tu embajada, Agripa. Ahí mismo la tienes. Dos hijos de Roma. Uno amado y el otro odiado. Augusto no puede dejar a Antonio con vida. No puede y no lo hará.

           (*Silencio.*)

AGRIPA   Entonces, todo está perdido, y las palabras son inútiles.

CLEOPATRA Sí. Todo está perdido.

AGRIPA   Gracias por tu sinceridad, señora.

CLEOPATRA Gracias por la tuya, Agripa.

AGRIPA   Yo no soy tu enemigo, Cleopatra.

CLEOPATRA Yo tampoco soy tu enemiga. En otro momento y en otro lugar... ¿Sabes, Agripa? De todos los que quieren ser el reflejo de César, tú eres el que más te acercas.

AGRIPA   Mi reina.

           (AGRIPA *hace una reverencia e inicia el mutis.*)

CLEOPATRA Agripa. (AGRIPA *se detiene.*) ¿Todavía?

AGRIPA   Todavía, señora.

(*Mutis de* AGRIPA.)

CLEOPATRA   Todavía. ¡Todavía! ¿Cuánto tiempo es *todavía*? ¿Un mes, una semana, un día, una hora...? *Todavía.* Todavía no estoy muerta. *Todavía.* Y si la reina no está muerta, todavía hay esperanza. Una muy pequeña y terrible, una que no quiero nombrar, pero... tal vez, todavía quede una ínfima esperanza, que si, con cuidado, alimento, sin ahogarla, como si se tratase de una pequeña fogata en la noche del desierto, podría ser que esa esperanza salve a Egipto y a mi hijo.

(*Sale a escena* CESARIÓN, *un muchacho con un enorme parecido a* CÉSAR. *Se comporta y se mueve como su padre.*)

CESARIÓN   Madre.

CLEOPATRA   Ven aquí, hijo mío. Abrázame.

(CESARIÓN *la abraza y se aparta.*)

CESARIÓN   He visto salir del palacio a un romano.

CLEOPATRA   Uno muy noble. Marco Vipsanio Agripa.

CESARIÓN   ¿Qué venía a buscar de nosotros?

CLEOPATRA   La reconciliación.

CESARIÓN   Buenos deseos, pero imposibles. Augusto no puede perdonar a Antonio, mientras él tenga el odio de Roma, y Antonio su amor.

CLEOPATRA   No le llames Augusto.

CESARIÓN   Es su nombre, madre. Llamarle de otra manera no soluciona nada.

CLEOPATRA   Te pareces tanto a tu padre...

CESARIÓN   Eso me has dicho siempre.

CLEOPATRA   ¿Te molesta?

CESARIÓN   Me inquieta.

CLEOPATRA   Tu padre fue un gran hombre, igual que tú lo serás.

CESARIÓN   Madre... (*Silencio.*) Fue un error provocar a Augusto.

CLEOPATRA   ¿Lo fue?

CESARIÓN   Y te lo avisé.

CLEOPATRA   ¿Me lo avisaste?

CESARIÓN   Lo sabes.

CLEOPATRA   ¿Tú entiendes por qué he hecho todo lo que he hecho? ¿Tú lo entiendes?

CESARIÓN   Lo imagino... pero te equivocas.

CLEOPATRA   Una reina nunca se equivoca.

CESARIÓN   Por eso es mejor un cónsul que un rey.

CLEOPATRA   Demasiado romano para mi gusto.

CESARIÓN   Yo no quiero Roma. Soy feliz en Egipto.

CLEOPATRA   Tienes derecho a Roma.

CESARIÓN   El derecho no importa, madre. Tú lo sabes
                mejor que nadie. Importa lo que puedes co-
                ger o no. Lo demás, da igual. Y aquí, en Egip-
                to, en casa, hay tanto que hacer. He estado
                trabajando, he pasado mucho tiempo traba-
                jando, en un sistema de riego, independien-
                te del río. Un sistema como los que tienen
                en Roma. Así no tendremos que depender de
                las subidas y bajadas del Nilo. Se acabará el
                hambre. Cuando construyamos mi sistema,
                ya no habrá años malos y buenos, sino años
                buenos y mejores. Y del excedente de grano,
                podremos guardar parte para los necesitados
                de Alejandría.

CLEOPATRA   Te oigo y oigo a tu padre.

CESARIÓN   Me oyes, pero no me escuchas. Yo no quie-
                ro Roma.

CLEOPATRA   Mi hijo, mi hijo querido... (*Le abraza con fuerza y cariño, con un deje de desesperación.*) Vas a tener que emprender un largo viaje, mi amor.

CESARIÓN   ¿A dónde?

CLEOPATRA   Lejos.

CESARIÓN   ¡Yo no pienso huir!

(*Silencio.*)

CLEOPATRA   Lo tendrás que hacer, mi cariño bello. Tendrás que huir, porque si Augusto te encuentra no te dejará vivir. No puede hacerlo.

CESARIÓN   Hablaré con él. Me escuchará. Él amaba a mi padre.

CLEOPATRA   ¡Qué inteligente eres, mi niño! ¡Qué inteligente y qué inocente! Irás a hablar con él, lo harás, y él verá la sombra de César y te mandará matar. Lo que te hace más peligroso, Cesarión, son tus ojos, que son idénticos a los de tu padre... No, Cesarión. Vas a tener que emprender un largo viaje, mi amor.

CESARIÓN   Pero yo me quiero quedar aquí contigo.

CLEOPATRA   Tienes razón. Yo me equivoqué retando a Roma. Me equivoqué. Y tu padre se equivocó

acudiendo aquel día solo al senado. No seas
como nosotros, Cesarión.

CESARIÓN ¿Eso esperas de mí, que no sea como unos
padres a los que admiro y amo?

CLEOPATRA Espero que seas mejor que nosotros. (*Silencio.*) Tus planes para Alejandría tendrán que
esperar. Anda, ven y besa a tu madre. (CESARIÓN *se acerca y la besa en los labios.*) Ve. Alguien de confianza te llevará al puerto, disfrazado de mendigo, y así huirás hasta los
confines del mundo.

CESARIÓN Las cosas no han salido como tú querías,
¿verdad, madre?

CLEOPATRA No, hijo. Las cosas no han salido como yo
quería. Vete, no vaya a ser que cambie de
idea.

CESARIÓN Adiós, Cleopatra. Mi madre. Mi reina.

CLEOPATRA Adiós, Cesarión, hijo de César y Cleopatra.
Te quiero.

CESARIÓN Y yo, madre.

(CESARIÓN *hace mutis rápidamente.* CLEOPATRA *se rompe y llora. Sale a escena* IRAS, *limpiándose las lágrimas, también.* CLEOPATRA *la mira.*)

CLEOPATRA   ¿Nos has oído?

IRAS   El niño, al salir, lloraba.

CLEOPATRA   Se ha cuidado mucho de no hacerlo delante de mí. Es un Julio.

IRAS   Es un Ptolomeo.

CLEOPATRA   No, Iras. No lo es. Nuestro linaje está podrido. La sangre de Alejandro se ha diluido tanto que ya no da hombres. Si fuese un Ptolomeo lloraría y patalearía. Es un Julio. Por eso no llora delante de su madre. Y por eso comprende que se ha despedido para siempre.

IRAS   ¿Qué vas a hacer, mi reina?

CLEOPATRA   ¿Sabes lo que quería el romano? (*Silencio.*) Reconciliación.

IRAS   ¿Eso es posible, señora?

CLEOPATRA   No mientras Antonio viva. (*Silencio.*) Este rincón del mundo, mientras sea razonable con el precio del grano, y no dé más problemas, no les interesa. Incluso la existencia de Cesarión se podría pasar por alto, tal vez se podría pasar por alto en Roma... siempre y cuando se quede aquí. En este rincón. Escondido. Siempre y cuando acepte no brillar como la estrella de su padre. Pero Antonio... A Antonio el pueblo le conoce y le ama. Solo tiene que repudiarme a mí, volver a Roma, y, en pocos meses, el pueblo arrancará al niño de su trono y pondrá al hombre. Antonio no tiene que hacer más que sobrevivir unos pocos meses.

IRAS   Lo más difícil.

CLEOPATRA   Augusto no puede permitirlo. Tiene que matarle.

IRAS   Y él lo sabe.

CLEOPATRA   Perfectamente.

IRAS   ¿Y a qué espera?

CLEOPATRA   A que se le ocurra una manera de hacerlo sin mancharse con su sangre... Roma ama a Antonio y despreciará a su asesino.

IRAS   Esa manera existe, Cleopatra.

CLEOPATRA   Ni lo digas, Iras. No hables de esa *manera* de sobrevivir. No la nombres. Antonio es un hombre bueno...

IRAS   ¿Y no es buena Cleopatra?

CLEOPATRA   Noble.

IRAS   ¿Y lo es menos Cleopatra?

CLEOPATRA   Que me ama...

IRAS   ¿Y no ama Cleopatra a su hijo y a Egipto?

CLEOPATRA   *(Con la voz rota.)* Tiene que haber otra manera.

IRAS   Ojalá así fuese...

CLEOPATRA   *(Comienza a llorar.)* ¡No!

IRAS   Sabes, Cleopatra, que solo con la muerte de Antonio, Egipto sobrevivirá.

CLEOPATRA   *(Llorando.)* ¡No puedo! ¡No quiero!

IRAS   Una reina no hace lo que quiere, hace lo que es necesario.

CLEOPATRA   *(Llorando.)* ¡No es justo!

IRAS   Siempre lo has sabido.

CLEOPATRA   *(Llorando.)* Si por lo menos hubiese muerto en el mar... si, por lo menos, se hubiese ahogado o...

IRAS   Pero no lo ha hecho.

CLEOPATRA   *(Llorando.)* ¡No me puedes pedir que lo mate! ¡Egipto no me puede pedir que mate a este último amor de mi vida! ¡No me lo puede pedir! Ya le he dado tanto. Tanto, tanto...

¡todo! ¡Se lo he dado todo a Egipto! Mi corazón, mi alma y mi coño. Se lo he dado todo. Por favor, que no me quite esto. Que no me lo quite. Estoy derrotada, ¡humillada!, ¡que no me pida que, además, esté sola! (*Silencio. Intenta recomponerse.*) Si, al menos, él hubiese muerto solo... tal vez, por su mano...

IRAS   Pero está vivo.

CLEOPATRA   Tal vez si fuese por su mano... como un gesto de honor... Tal vez... Pero él no va a querer. No va a querer. ¡No va a querer!

IRAS   Convéncele.

CLEOPATRA   ¡¿Me pides que convenza al hombre al que amo de que se quite la vida por su propia mano para que Egipto sobreviva?! ¿Es eso lo que me pides? (*Vuelve a llorar.*) ¿Es eso lo que me pide ahora Egipto? ¿Es ese el sacrificio que de mí reclama? ¿Es eso? (*Gritando.*) ¡De acuerdo! ¡Lo haré! ¡Lo haré por Egipto! Otra vez se lo daré todo al puto Egipto. Ser reina es una mierda.

(*Sale a escena Marco* ANTONIO.)

ANTONIO   ¿Qué ocurre, Cleopatra? Te he oído gritar y llorar.

CLEOPATRA   (*Se limpia los ojos.*) Vete, Iras. Vete y trae vino.

(IRAS *hace mutis.*)

ANTONIO   ¿Están bien los niños?

CLEOPATRA   ¿Qué?

ANTONIO   Los niños, te pregunto que si están bien.

CLEOPATRA   Lo están.

ANTONIO   Cesarión, entonces.

CLEOPATRA   No, no, no... Cesarión está bien. Ven, Antonio, abrázame.

(ANTONIO *la abraza.*)

ANTONIO   ¿Qué te pasa, Cleopatra? Tiemblas.

CLEOPATRA   Bésame. (ANTONIO *obedece.*) Es el peso del destino, que, en ocasiones, me hace flaquear. Pero ya está todo bien. Ya está bien. Estoy contigo, entre tus brazos, y ya está todo bien. Ya no puede pasar nada malo.

ANTONIO   Enobarbo me ha dicho que Agripa ha estado aquí. (*Silencio.*) ¿Me oyes, Cleopatra?

CLEOPATRA   Enobarbo tiene la lengua demasiado suelta.

ANTONIO   ¿No pensabas decírmelo?

CLEOPATRA   Cuando despertases.

ANTONIO   Ya he despertado.

CLEOPATRA   Pues bien: Agripa ha estado aquí.

            (*Sale a escena* IRAS *con una jarra de vino y copas. Les sirve.*)

ANTONIO   Me hubiese gustado hablar con él.

CLEOPATRA   Ya te he dicho que dormías.

ANTONIO   Lo habitual es que hubiese negociado conmigo...

CLEOPATRA   No quería negociar...

ANTONIO   ¿Y qué quería, entonces? (IRAS *mira con intención a* CLEOPATRA.) Cleopatra.

CLEOPATRA   ¿Qué?

ANTONIO   ¿Estás bien, mi amor?

CLEOPATRA   No. No lo estoy.

ANTONIO   ¿Es la conversación con Agripa lo que te tiene ahora ausente y asustada? (*Silencio. Nueva mirada de* IRAS *cargada de intención.*) ¡Cleopatra!

CLEOPATRA   ¡Sí!

ANTONIO   ¿Sí?

CLEOPATRA   Agripa ha dicho, en nombre de Augusto lo ha dicho, que cualquier negociación empieza con nuestras cabezas clavadas en una pica.

ANTONIO   ¿Eso ha dicho Agripa?

CLEOPATRA   Eso ha dicho. Por orden de Augusto.

ANTONIO   ¿Ahora le llamas Augusto?

CLEOPATRA   Es su nombre. Negarlo no sirve para nada.

ANTONIO   ¿Así que por fin le han bajado los cojones al crío?

CLEOPATRA   Tomarán el palacio, Antonio. Lo tomarán al amanecer. Eso me ha dicho Agripa.

(*Silencio.*)

ANTONIO   Lucharemos. Imagino que lucharemos.

CLEOPATRA   Yo no quiero ir a Roma como una esclava. No quiero, Antonio.

ANTONIO   No hay hombres suficientes para defendernos, mi amor. No tenemos muchas más opciones.

CLEOPATRA   Hay una.

ANTONIO   ¿La hay?

CLEOPATRA   La hay.

ANTONIO   Supongo que sí. Supongo que la hay. (CLEO-PATRA *despide a* IRAS *con un gesto. La criada hace mutis.*) Nunca pensé que acabaría así.

CLEOPATRA   Juntos, mi amor. (*Le abraza.*) Acabaremos juntos. A nuestra manera.

ANTONIO   ¿Y los niños?

CLEOPATRA   Los respetarán.

ANTONIO   Por ser míos. Habrá que poner a salvo a Cesarión.

CLEOPATRA   Ya está hecho.

ANTONIO   ¿Esto es el final, mi amor?

CLEOPATRA   Lo es, cariño mío.

(*Se besan con pasión.*)

ANTONIO   Terminemos, entonces.

CLEOPATRA   Que sea justo antes del amanecer, y que los crueles romanos, cuando violenten las puertas del palacio, nos encuentren juntos, entrelazados, muertos, pero felices, sonrientes, y, entonces, sabrán que en nuestra derrota, gracias al amor, habremos vencido.

ANTONIO   Sí. Eso es. ¡Vino! *(Grita.)* ¡Vino! *(Comienza a sonar música.* CLEOPATRA *se ríe y sirve a* ANTONIO.*)* El vino me dará fuerzas.

*(*CLEOPATRA *y* ANTONIO *beben. La música suena cada vez más fuerte. Ellos, agarrados de las manos, giran y giran cada vez más rápido. De pronto,* CLEOPATRA *le suelta y* ANTONIO *cae al suelo, desmadejado. Ella hace mutis, mientras él coge la jarra y se la bebe entera. Cae al suelo, inconsciente. Silencio. Primeros sonidos del amanecer. Sale a escena* ENOBARBO. *Mira a su alrededor. Recoge la jarra y la pone sobre el trono con cierto desagrado. Silencio. Sale a escena* IRAS, *que se dirige hacia* ANTONIO.*)*

ENOBARBO   Deja al general que duerma, egipcia.

IRAS   Traigo noticias.

ENOBARBO   ¿De quién?

IRAS   De Cleopatra.

*(*ENOBARBO *se aparta.* IRAS, *con delicadeza, despierta a* ANTONIO.*)*

ANTONIO   ¡¿Qué ocurre?! Dioses, mi cabeza. Todo me da vueltas.

IRAS   General, la señora...

ANTONIO   ¿Qué ha pasado?

IRAS	No era su deseo que la vieses morir.
ANTONIO	¿Qué?
IRAS	Es reina. No deseaba que tú la vieses...
	(ANTONIO *le pide silencio con un gesto y llora, llora desconsolado.*)
ANTONIO	¿Muerta?
IRAS	Ese ha sido su deseo. Temía que al verte, no fuese capaz.
ANTONIO	No iba a ser así. ¡No tenía que ser así! Íbamos a morir entrelazados. ¡Entrelazados los dos! ¿Cómo ha sido?
IRAS	Veneno.
ANTONIO	Lo entiendo.
IRAS	(*Le tiende un papel.*) Escribió esto antes de morir.
ANTONIO	¿Para mí? (IRAS *asiente.* ANTONIO *lee y ahoga un grito de dolor. Estruja el papel contra su pecho. Lo conservará agarrado hasta su muerte.*) ¡Quiero verla! ¿Dónde está?
IRAS	No la humilles, señor. No lo hagas. Es reina del Nilo.

ANTONIO   (*Grita.*) ¡Cleopatra!

IRAS   Respeta su voluntad. Deja que la preparemos. Lo haremos tan bien que parecerá más viva que nunca. No nos obligues a mostrarla así en su indignidad.

ANTONIO   Sí, tal vez tengas razón, vieja. Esa mierda que hacéis con los muertos, a mí no me la hagáis. (*A* ENOBARBO.) Yo quiero un entierro romano.

ENOBARBO   Lo tendrás, general.

ANTONIO   Gracias, amigo mío. (ENOBARBO *despide a* IRAS *con un gesto. Mutis de ella.*) Yo la amaba, Enobarbo. La amaba como no he amado a mujer alguna jamás. Era la más audaz, la más tierna, la más bella, la más... mía. Enobarbo, mi corazón se rompe. (ANTONIO *se abraza a* ENOBARBO, *y llora. Intentando recomponerse.*) No me avergüenzo de llorar por ella. No me avergüenzo. Ni de llorar ni de nada de lo hecho. (*Comienza a limpiarse el maquillaje.*) No me avergüenzo. Dilo en Roma. Diles que no me avergoncé ni me arrepentí... porque cada segundo pasado al lado de mi amor vale por mil vidas de romano. No me arrepiento... hubiese querido que durase más, pero no me arrepiento. (*Silencio.* ANTONIO *se da una palmada en las piernas.*) Acabemos ya con esto de una vez. Cualquier cosa con tal de no encontrarme de nuevo con Augusto cara a cara. Ayúdame, Enobarbo.

ENOBARBO   ¿Estás seguro, general?

ANTONIO   Estoy todo lo seguro que se puede estar. Dame tu espada. La mía... bueno, la mía la perdí en el mar. (ENOBARBO *le da su espada.* ANTONIO *se la apoya en el esternón. Mira la espada. Resopla. Silencio. Coge aire con fuerza dos veces y a la tercera, se clava la espada.* ENOBARBO, *que está frente a él, le sujeta. Se miran a los ojos.*) ¡Qué putada, amigo mío! Esto duele muchísimo. (ANTONIO *aprovecha que tiene a* ENOBARBO *enfrente para abrazarle y terminar de clavarse la espada.*) En Roma... diles... diles... que supe morir como un romano.

(ENOBARBO *ayuda a* ANTONIO *a tumbarse en el suelo.*)

ENOBARBO   Se lo diré, general.

(ANTONIO *muere. Silencio. Lentamente salen a escena* CLEOPATRA *e* IRAS. CLEOPATRA, *al verle, se tapa la boca.* ENOBARBO, *al verla, endurece el gesto.*)

CLEOPATRA   Mi amor... (ENOBARBO *la mira fijamente con desprecio mal disimulado.*) Mi pobre amor. (CLEOPATRA *se acerca a* ANTONIO *y le acaricia la cara. Le besa en los labios. Le abraza y le acuna.*) Mi Antonio... ¡Pobrecito mío! Mi amor... no sabes cómo me duele... no sabes tú cómo me duele... (*De pronto, se fija en* ENO-BARBO.) Y a ti, ¿qué te pasa? ¿Cómo te atreves a mirarme así?

ENOBARBO   Mereces, señora, el destino que te aguarda. Lo mereces.

CLEOPATRA   (*Con furia contenida.*) No te atrevas a hablarme de esa manera. No te atrevas.

ENOBARBO   (*Grita.*) ¿O qué? (*Silencio. Sigue gritando.*) ¿Qué vas a hacer? (ENOBARBO *levanta la mano. Parece que va a golpear a la reina, pero se contiene. Se aparta.*) Te amaba. ¡Él te amaba!

CLEOPATRA   ¡Y yo a él!

ENOBARBO   ¡Mentira!

CLEOPATRA   ¿Qué sabrás tú del amor? (ENOBARBO *se ríe.*) ¿Qué sabrás?

ENOBARBO   Murió con tu carta entre las manos.

CLEOPATRA   ¡Y mi corazón murió con él!

ENOBARBO   Tú no tienes corazón.

CLEOPATRA   Vete. (*Silencio. Gritando.*) ¡Te ordeno que te vayas!

ENOBARBO   (*Con rencor.*) Tú ya no ordenas nada. ¡Nada! ¿Lo oyes?

(*La agarra del vestido, la zarandea y la tira al suelo.*)

IRAS   ¡Señora!

(CLEOPATRA *la detiene con un gesto.*)

ENOBARBO   ¿Por qué? ¿Por qué le has traicionado?

CLEOPATRA   Solo he hecho lo que era necesario... por Egipto.

ENOBARBO   Te maldigo.

CLEOPATRA   (*Sonríe con melancolía.*) Llegas tarde. Ya lo hicieron los dioses cuando nací y mi destino fue convertirme en reina. Ya lo hicieron. No te deseo nada malo, Enobarbo. Sigue siendo un hombre pequeño. Sigue así. Y podrás ser feliz. En cambio, mi vida ya no será más que un vagar entre sombras.

ENOBARBO   Un vagar corto, Cleopatra. Muy corto. Augusto no te dejará con vida. Ni a ti ni a tu bastardo. Y yo me alegro. (CLEOPATRA *le pega una bofetada. Silencio.*) Ni a ti... ni a tu bastardo.

CLEOPATRA   *(Masticando las palabras.)* Fuera de mi palacio. (ENOBARBO *inicia el mutis. Grita.)* ¡Fuera de mi palacio! ¡Fuera!

(ENOBARBO *se detiene sin girarse.)*

ENOBARBO   *(Con la voz estrangulada.)* No, Cleopatra. No. Alguien tiene que encargarse de los hijos de Antonio.

CLEOPATRA   También son mis hijos. Yo los cuidaré.

ENOBARBO   A ti, ya te lo he dicho, no te queda mucho tiempo en este mundo.

CLEOPATRA   *(Grita.)* ¡Fuera!

(ENOBARBO *hace mutis. Silencio.* CLEOPATRA *busca con la mano a* IRAS. *La criada corre a cogérsela. La sostiene.)*

IRAS   No le escuches, señora.

CLEOPATRA   No lo hago.

IRAS   Es solo un romano.

CLEOPATRA   Solo un romano.

IRAS   No hay que prestarle oídos.

CLEOPATRA   Informa al *imperator* Cayo César Augusto de que la reina Cleopatra reclama su presencia.

Fuera. ¡Fuera todos! Tengo que ser reina una vez más.

(CLEOPATRA *se queda sola. Va hasta el trono. Silencio. Se quita los ornamentos egipcios. Viste una túnica ligera de lino. Abre el escote. Raja el lateral para poder dar zancadas largas. Muestra su pierna. Silencio. Se pone el tocado ceremonial de Isis. Da una sensación, así vestida, de majestuosa sencillez. Sonido de trompetas. Se sienta en el trono. Silencio. Sale a escena Cayo César* AUGUSTO. *Se trata de un joven de aspecto frío y contenido. Detrás de él, un* CRIADO *romano coloca un escabel. Se sienta mirando a un lateral sin hacer caso a* CLEOPATRA. *El* CRIADO *coloca otro enfrente de él.* AUGUSTO *despide al* CRIADO *con un gesto. Silencio.*)

AUGUSTO   Ven, Cleopatra, y siéntate conmigo. Vamos a hablar.

(*Silencio.*)

CLEOPATRA   Me encuentro bien donde estoy.

AUGUSTO   Mi vista no es buena. Los libros... los ábacos... los números... las actas del Senado... Ven y siéntate donde pueda verte. Hazme el favor. (*Silencio.* AUGUSTO *sigue sin mirarla.* CLEOPATRA *se levanta y camina, sonriendo, exhibiéndose, hasta el escabel. Se sienta. Sonríe.* AUGUSTO *sonríe. Su sonrisa hiela la sangre.*) Es un placer conocerte, Cleopatra.

CLEOPATRA   Esperaba este encuentro con ilusión. (*Silencio.*) Antonio ha muerto.

AUGUSTO   Lo sé. Me lo han dicho. Y te agradezco tu participación. Eso lo simplifica todo.

CLEOPATRA   Quiero conservar mi corona.

AUGUSTO   ¿Qué sería de Egipto sin Cleopatra?

CLEOPATRA   Seguiremos abasteciendo a Roma de grano. Naturalmente al precio tradicional.

AUGUSTO   Naturalmente.

CLEOPATRA   Y Cesarión reinará después de mí.

AUGUSTO   Por supuesto.

CLEOPATRA   ¿No debo temer por su vida?

AUGUSTO   Es el hijo de César.

CLEOPATRA   Me complace que lo reconozcas.

AUGUSTO   ¿Por qué no iba a hacerlo?

(*Silencio.*)

CLEOPATRA   Antonio me dijo que eras un monstruo.

AUGUSTO   ¿Eso dijo?

CLEOPATRA   Eso dijo. En absoluto el retrato que me hizo de ti tiene nada que ver con el original. Eres un hombre clemente y amable.

AUGUSTO   Agradezco tus palabras.

CLEOPATRA   Seremos buenos amigos.

AUGUSTO   Lo seremos. Y como amiga que eres, mía y de Roma, quiero pedirte un favor.

CLEOPATRA   Lo que desees, claro.

AUGUSTO   Deseo que Cesarión y tú visitéis Roma.

CLEOPATRA   Por supuesto. En verano. Ahora es tiempo de luto y de reconstrucción.

AUGUSTO   Por supuesto.

CLEOPATRA   En verano, entonces.

(Silencio.)

AUGUSTO   O pasado mañana. Es cuando yo tengo pensado regresar y mi nave es cómoda. Hay sitio de sobra. Seréis mis invitados.

CLEOPATRA   Prefiero, como te he dicho, en verano.

AUGUSTO   Insisto.

(Silencio.)

CLEOPATRA   Pasado mañana, entonces.

AUGUSTO   Me complaces, Cleopatra. No olvides traer a Cesarión. Creo que Roma le gustará.

CLEOPATRA   Nos hemos entendido bien.

AUGUSTO   Lo hemos hecho.

(AUGUSTO *hace mutis. Silencio. La cara de* CLEOPATRA, *que se ha quedado congelada en una sonrisa, comienza a descomponerse. Grita de desesperación. Se levanta. Se tambalea. Chilla.* IRAS *sale a escena corriendo. La sujeta, justo cuando va a caer.)*

IRAS   ¿Qué sucede, señora? ¿Qué sucede?

CLEOPATRA   Es un monstruo, Iras. ¡Un monstruo! ¡No habrá clemencia! No la habrá. No va a perdonarnos. ¡No lo ha considerado ni por un momento! ¡Es un monstruo, Iras! ¡Y yo he matado a Antonio por nada! ¡Le he matado...! ¡Yo le he matado!

IRAS   Señora, fue su mano...

CLEOPATRA   La dirigía yo.

IRAS   ¡Fue su mano, no la tuya, Cleopatra!

(CLEOPATRA *ahoga una risa.)*

CLEOPATRA Maquinando, maquinando, siempre estoy maquinando... y ahora, está muerto... Mi pobrecito Antonio. ¡Mi pobrecito Antonio!

IRAS *(Grita.)* ¡Cerrad las puertas del palacio! ¡Que ningún romano entre!

CLEOPATRA ¡Esto no es un palacio, Iras... es un mausoleo! *(Oscuro y nuevamente en penumbra. Silencio. La reina, furiosa y desesperada, tira el trono al suelo, los incensarios, las bandejas, las jarras... Mutis de* IRAS, *que huye despavorida. Revuelve todo el escenario, como un animal enloquecido, y se queda jadeando, sentada en el suelo, mientras la luz del amanecer se cuela en la escena. Llora.)* ¿Cómo será la muerte? ¿Cómo será abandonar este mundo de colores y sumirse en una oscura nada? ¿Cómo es dejar atrás todo lo que se ama, todo lo que da sentido a una existencia, todo lo que importa...? Hay quien dice que es como soñar... Yo espero que no sea así... porque mis sueños están infestados de pesadillas y culpas... y, si de algo ha de servirme la muerte, debe ser de descanso.

*(*ARSINOE *sale a escena caminando muy despacio.)*

ARSINOE Hay silencio.

CLEOPATRA Silencio.

ARSINOE   Sí, la muerte es silenciosa.

CLEOPATRA   No es una gran descripción.

ARSINOE   No hay mucho que contar.

CLEOPATRA   ¿Estás aquí, conmigo...?

ARSINOE   ¿La reina pierde la razón?

CLEOPATRA   Parece lo más probable. Entonces, te pido que respondas... ¿Vienes a recibirme en el otro lado o solo eres una sombra de mi alma ya destruida?

ARSINOE   ¿Importa?

CLEOPATRA   Imagino que a ti no.

ARSINOE   A mí, no. Es cierto.

CLEOPATRA   Quería pedirte perdón. (*Silencio.*) Aún me guardas antipatía. (*Silencio.*) Te rebelaste contra mí, contra tu hermana, ¡contra tu sangre! ¡Contra la sangre de tu padre! Te rebelaste y forjaste una oscura alianza con ese títere de eunuco, que fue nuestro hermano.

ARSINOE   Y tú me mataste...

CLEOPATRA   Estamos en paz, supongo.

ARSINOE   Me asesinaste, *hermana*, o, por lo menos, mandaste que me asesinaran... Tenía veintiséis años; estaba en la flor de la vida, con todo el tiempo por delante.

CLEOPATRA   En nuestra familia, eso ha sido siempre relativo...

ARSINOE   Tu amante, Marco Antonio, me sacó a rastras del pelo... me arrastró fuera del templo de Artemisa, donde me había refugiado, amparándome en sagrado... y me cortó la cabeza... ¿Y me preguntas en serio si te guardo, ¿cómo lo has llamado?, antipatía? ¿De verdad quieres saber si me resultas antipática, Cleopatra, reina del Nilo y hermana desnaturalizada?

CLEOPATRA   Era lo que debía hacerse...

ARSINOE   Esa frase tendría que ser tu epitafio, hermana. *Era lo que debía hacerse...*

CLEOPATRA   No me dejaste otra salida...

ARSINOE   César la encontró... César no pensó en matarme...

CLEOPATRA   Ah, no seas estúpida, Arsinoe. Él te mantuvo con vida solo para exhibirte en su triunfo cuando llegase a Roma... Nada más. Una princesa egipcia desfilando entre el botín de guerra... y después, te estrangularían...

ARSINOE   ¿Y por qué no lo hizo?

(*Silencio.*)

CLEOPATRA   Tuvo que volver precipitadamente a Roma. Se olvidaría de ti o sentiría piedad. Nadie lo sabe. Es uno de los putos misterios de la historia. Yo qué sé, Arsinoe, por qué no te mató Cayo Julio César... y, en cambio, Marco Antonio, sí.

ARSINOE   Esa pregunta es sencilla.

CLEOPATRA   ¿Sencilla?

ARSINOE   La de Marco Antonio... Tú se lo pediste...

CLEOPATRA   Sí. Esa es sencilla. La otra es la difícil... (*Para sí misma, en realidad.*) ¿Por qué te dejó César con vida? No lo sé. Nunca lo he sabido.

ARSINOE   O, tal vez, sí lo sabes, tal vez, siempre lo has sabido, pero no te gusta la respuesta.

CLEOPATRA   Déjame en paz.

ARSINOE   Te dejo en paz.

CLEOPATRA   Si me voy a volver loca, prefiero ver a otra gente. Hablo contigo unos pocos minutos y recuerdo perfectamente por qué te mandé matar.

ARSINOE   Lo mejor de que estés enloqueciendo, reina
             Cleopatra, es que, si yo estoy en tu cabeza,
             no es Arsinoe la que no perdona... es Cleo-
             patra la que no sabe perdonarse.

CLEOPATRA   ¿No sé perdonarme?

ARSINOE   No sabes.

             (*Mutis.* CLEOPATRA *se levanta con brusquedad
             del suelo.*)

CLEOPATRA   ¡Claro que no! ¿Cómo voy a perdonarme por
             matar a mi hermana? Tampoco me perdono
             por la muerte de mis dos hermanos... ni por
             la de Antonio. En realidad, yo nunca he sido
             capaz de perdonarme por nada.

             (*Sale a escena* OLIMPO.)

OLIMPO   Cleopatra...

CLEOPATRA   ¡Olimpo! ¿Sabes lo que ha pasado con An-
             tonio?

OLIMPO   Lo sé.

CLEOPATRA   ¿Y qué opinas?

OLIMPO   Afortunadamente, yo no tengo opinión.

CLEOPATRA   ¿Ni de amigo?

OLIMPO   Ni de médico.

CLEOPATRA   ¿Ni de estoico?

OLIMPO   Como estoico te diría que cada vida es de... cada persona. Era su vida y *él* podía hacer con ella lo que quisiese.

CLEOPATRA   Él.

OLIMPO   Él. (*Silencio.*) Ha llegado el momento.

CLEOPATRA   ¿Sí?

OLIMPO   Sí.

CLEOPATRA   ¿Tan pronto?

OLIMPO   Los romanos se preparan para rendir las puertas del palacio.

CLEOPATRA   Bueno... supongo que este es un momento tan bueno como cualquier otro...

OLIMPO   A menos que hayas cambiado de idea...

CLEOPATRA   ¿Cambiar de idea? No, no he cambiado de idea. Yo ya estoy muerta, Olimpo. Ahora mismo lo que estamos decidiendo es si será aquí, contigo, o en Roma, estrangulada por un verdugo, después de haber sido exhibida como una puta en el triunfo de Augusto.

OLIMPO   Siento que todo termine así.

CLEOPATRA   No es culpa tuya, amigo. En realidad, que es-
              temos así es solo culpa mía. (*Repentinamen-
              te.*) ¿Y Cesarión?

OLIMPO   Partió en mitad de la noche. Pasó por aquí
              mientras dormías. Quería verte una última
              vez, dijo.

CLEOPATRA   Una última vez...

OLIMPO   Lo acompañaban dos sacerdotes. El puerto
              está en manos romanas. Es mejor que viaje
              al interior, a Menfis, y desde allí a la India.

CLEOPATRA   Pisará las ciudades que Alejandro no pudo
              conquistar. Verá los elefantes que vencieron
              al segundo mejor hombre del mundo...

OLIMPO   ¿El segundo?

CLEOPATRA   El primero fue César.

OLIMPO   Cayo Julio César, primer hombre del mun-
              do.

CLEOPATRA   ¿Sabes que para él siempre fui su niña? (*Silen-
              cio.*) Ocurre en el amor que nos comportamos
              como niños y nos tratamos como niños. Él, el
              hombre más poderoso de occidente, y yo, la
              reina Cleopatra, en el amor éramos dos niños.
              Recuerdo... él era más joven... más joven que

cuando murió... Mucho más joven... Luego fue perdiendo pelo... tiene mucha gracia, porque su apelativo, César, significa *cabellera.* (OLIMPO *comienza a quemar incienso, mientras ella habla.*) ¿Dolerá?

OLIMPO   No, Cleopatra, hija de Ptolomeo, no sentirás dolor...

CLEOPATRA   Una agradable novedad... (*Sonríe, recordando.*) Recuerdo cómo llegué ante César... (*Un* CÉSAR *algo más joven, más vigoroso, sale a escena.*) Había huido de Alejandría... Mi pequeño y repugnante *hermano-esposo* y Arsinoe, mi hermana más querida, se habían levantado en armas contra mí... y huí, huí al desierto... Sabiendo que los romanos estaban en Alejandría decidí presentarme ante ellos... Un criado me llevó envuelta en una alfombra hasta la tienda del general que los comandaba... Y, cuando me desenvolvieron, haciéndome rodar por el suelo, él, César, me ayudó a levantarme...

(CÉSAR *la ayuda a ponerse en pie.*)

CÉSAR   ¿Por qué lloras, niña?

CLEOPATRA   Me dijo. (*Con voz más jovial.*) Yo no lloro. Eso que ves que recorre mi cara y mi cuerpo es sudor. Aun así, te diré, poderoso César, que tendría motivos de sobra, ya que mi familia me odia y ha intentado asesinarme.

CÉSAR   En Roma sabemos mucho de traiciones y de familias malavenidas.

CLEOPATRA   ¿Has llegado hasta mí para poner orden en Egipto y devolverme el trono que me pertenece?

CÉSAR   En oriente todos creéis que os pertenece uno u otro trono. Esta es una tierra con más reyes que súbditos. (*Silencio.*) He venido a asegurarme el suministro de grano, a cobrar cierta deuda que tu padre contrajo con Roma cuando le devolvimos ese trono que, por lo que parece, tú no has sabido mantener... y a castigar a los que le han cortado la cabeza a Pompeyo. ¿Tú has tenido algo que ver en eso, niña?

CLEOPATRA   No soy una niña.

CÉSAR   Para mí lo eres.

CLEOPATRA   Y si yo soy una niña, ¿qué serás tú para mí?

CÉSAR   ¿Un viejo? ¿Otro niño? ¿Un salvador, quizás?

CLEOPATRA   Yo no he tenido nada que ver con el asesinato de Pompeyo... Tienes mi palabra.

CÉSAR   Un salvador, entonces.

CLEOPATRA   Lo que no entiendo...

(*El humo del incienso quemado comienza a invadir el salón.*)

CÉSAR   ¿Sí, Cleopatra?

CLEOPATRA   Siendo Pompeyo tu acérrimo enemigo, ¿qué más te da que estuviese muerto o, tal vez, querías ser tú mismo el que pusiese fin a su tiempo en este mundo? ¿Querías cortarle tú mismo la cabeza al viejo?

CÉSAR   Ese viejo, en tiempos pasados, fue mi amigo.

CLEOPATRA   Entonces, César elige mal a sus amigos.

CÉSAR   Pompeyo era un romano, uno de los más nobles, y, antes que nada, un general victorioso que trajo honores a Roma... No merecía morir así. Nadie merece morir de esa manera. (*Silencio.*) ¿Es suficiente?

CLEOPATRA   Lo es, César.

CÉSAR   Hay que saber perder, Cleopatra, y hay que, sobre todo, saber ganar.

CLEOPATRA   ¿Y yo tengo que aprender a perder o a ganar?

CÉSAR   Aún lo estoy decidiendo.

CLEOPATRA   Cuando lo hayas decidido, ¿me informarás o me daré cuenta yo sola en el momento en el que mi cabeza se precipite en una cesta de mimbre?

(CÉSAR *se ríe.*)

CÉSAR   Sería una lástima desprender esa cabeza del resto del cuerpo.

CLEOPATRA   ¿Qué prefieres en las mujeres?

CÉSAR   Lo mismo que en los hombres: el silencio.

CLEOPATRA   No es de mi agrado el silencio. Nunca me ha gustado. Ni vivo en silencio ni lucho en silencio ni, mucho menos, amo en silencio. ¿Pido que traigan una cesta para mi cabeza?

CÉSAR   No. No creo que sea necesaria.

CLEOPATRA   En ese caso, ¿qué es lo que más valoras, sin contar el silencio, César? ¿La cabeza o el resto del cuerpo?

CÉSAR   La cabeza.

CLEOPATRA   Entonces, estamos de suerte.

CÉSAR   ¿Los dos?

CLEOPATRA   Los dos.

CÉSAR   Creo que tu pequeño esposo tendrá que aprender a perder... y tú, reina Cleopatra, a ganar... siempre y cuando te comprometas a pagar la deuda de tu padre y a abastecer nuestros graneros al precio habitual acordado, claro está.

CLEOPATRA   Claro está.

CÉSAR   Si es así, entonces, reina Cleopatra, creo que nos hemos entendido bien.

CLEOPATRA   Así lo hemos hecho... (CLEOPATRA *se acerca a* CÉSAR.) Y ahora que eres mi salvador, ¿qué más quieres de mí, César?

CÉSAR   ¿De la niña Cleopatra?

CLEOPATRA   De tu esclava Cleopatra. (*El humo les envuelve, mientras se besan con pasión. De pronto, ella tose. Mutis de* CÉSAR. OLIMPO *se acerca y la sostiene.*) Olimpo, ¿qué me pasa?

OLIMPO   Ya empieza.

CLEOPATRA   No siento más que un mareo repentino...

OLIMPO   Y no sentirás más.

CLEOPATRA   ¿Nada más?

OLIMPO   No te preocupes. Nada más.

CLEOPATRA   ¿Y tú?

(*Silencio.*)

OLIMPO   No voy a dejar a mi reina, a mi amiga, en su
           último momento, sola. No, Cleopatra, no
           morirás sola.

CLEOPATRA No me gusta esa palabra.

OLIMPO   Es la más exacta.

CLEOPATRA Olimpo, vete. No te quedes conmigo. Már-
           chate. No quiero el peso de más sangre so-
           bre mi cabeza. Eres buen hombre. Vete y ten
           una vida larga y feliz por los dos.

OLIMPO   Te he cuidado desde que naciste... y no voy
           a dejar de hacerlo ahora...

CLEOPATRA Te lo ordeno, amigo mío, ¡márchate!

OLIMPO   No, mi reina. Perdóname, pero tengo que
           desobedecer.

CLEOPATRA No estoy sola, Olimpo. No lo estoy. A mí vie-
           nen imágenes del pasado. Regresa César a
           mis brazos... y Antonio... y mi padre... No,
           Olimpo. No te quedes en esta tumba. Aban-
           dona Egipto y cuenta mi historia. Explica
           qué mujer fue Cleopatra. No quiero que mi
           relato lo cuenten solo los escritores a sueldo
           de Augusto. No quiero que su versión, la ver-
           sión del ganador, sea la única. Habla de mí.
           Cuenta lo malo, pero también habla de esos

momentos donde Cleopatra fue un poco menos reina y un poco más mujer.

OLIMPO   Si así lo deseas...

CLEOPATRA   Me haces feliz, Olimpo.

OLIMPO   ¿Con tan poco?

CLEOPATRA   Con tanto...

OLIMPO   Te quedarás dormida.

CLEOPATRA   En el fondo, ¿sabes?, me apetece. Necesito descansar. Dormir, por fin. ¿Sabes que desde que subí al trono no he descansado ni una sola noche? Vete, Olimpo, a mí, en el fondo, me apetece descansar. Es lo que deseo ahora mismo. Descansar. Vete, Olimpo. Yo corro a encontrarme con todos los hombres de mi vida, con *mis* hombres. Los hombres de Cleopatra. ¡César, Antonio, mi padre, Alejandro, el divino Alejandro...! ¿Tú crees que sentirá algún tipo de orgullo por mí?

OLIMPO   Sí, Cleopatra.

CLEOPATRA   Yo no estoy segura. *(Se marea. Tiene que sentarse.)* Roma se apoderará de Egipto, lo cambiará todo, destruirá Menfis, saqueará Alejandría... y, con sinceridad, no quiero vivir en un mundo sin misterio, sin gatos sagrados ni faraones. No quiero, Olimpo. Tú aún tienes cosas que hacer. Yo ya he terminado. Treinta y nueve años son muchos cuando se vive como lo he hecho yo. He quemado mi tiempo y mi sangre, y ya solo me queda descansar. Vete, Olimpo, pero, prométeme una cosa, solo una.

OLIMPO   (*Aguantándose el llanto.*) Lo que quieras, señora.

CLEOPATRA   No te olvides de mí, porque, mientras viva en la memoria de los que me conocieron, la reina Cleopatra nunca estará muerta del todo.

OLIMPO   Jamás te olvidaré.

(OLIMPO *hace mutis.* CLEOPATRA *se sienta en el trono. Coge aire. Se va quedando dormida. Sale a escena precipitadamente* IRAS. *La reina vuelve en sí con esfuerzo.*)

IRAS   (*Llorando.*) ¡Señora! ¡Señora!

CLEOPATRA   (*Con una débil sonrisa.*) Iras... ¿qué haces aquí? Vete... vete antes de que el veneno de Olimpo...

IRAS   Le han encontrado...

CLEOPATRA   ¿Qué dices?

IRAS   A nuestro niño...

CLEOPATRA   Calla.

IRAS

Desoyó los consejos de los sacerdotes y fue a encontrarse con Octavio.

CLEOPATRA

¡Calla, Iras!

IRAS

Se reunió con él, a solas, en su tienda... solo, solo, solo, rodeado de romanos...

CLEOPATRA

¡Cállate, demonio maldito! ¿No ves que me rompes el corazón en mil pedazos?

(*Silencio.*)

IRAS

Le ha asesinado. Octavio ha asesinado al hijo de César. Le ha asesinado, señora.

(CLEOPATRA, *aún sin fuerzas, grita con un dolor absoluto.*)

CLEOPATRA

(*Grita.*) ¿Es que aún no había sufrido suficiente? Nacida en un reino de infames dementes, traicionada por mis hermanas una y otra vez, ¡una y otra vez! –primero Berenice, después Arsinoe– obligada a perder la virginidad con mi hermano, apenas un niño, más interesado en los eunucos que en mí; traicionada por él, otra vez y otra más; obligada a contemplar el cadáver de mi amor, de César; obligada a asesinar a mis hermanos; obligada a asesinar a Antonio, mi último amor, y la única esperanza de alegría que me quedaba en este mundo; (*Sube el tono.*) y ahora, ¿madre de un hijo asesinado por el mismo hombre que todo me lo arrebata, por el hombre al que más odio? ¿Así está contenta la puta divinidad? (*Se tambalea a punto de caer.*) ¿Y tú me lo dices? ¿Por qué me lo dices? (Iras *llora en el suelo.*) ¡Mi niño! Mi pobre niño, asesinado a manos de ese monstruo pequeño y gris. ¡Mi pobre niño muerto! Quiero arrancarme el corazón y no me dan las fuerzas. ¡No me dan las fuerzas! De todas las derrotas, de todos los dolores, este es el peor. ¡Mi niño! (*Sale a escena* CESARIÓN.) ¿Eres imaginación o fantasma?

CESARIÓN   ¿Qué más da, madre?

CLEOPATRA   ¿Por qué? ¿Por qué tuviste que ir a verle? Sabías lo que pasaría...

CESARIÓN   Lo imaginaba... Imaginaba que podría pasar.

CLEOPATRA   Entonces, ¿por qué fuiste?

CESARIÓN   Valía la pena.

CLEOPATRA   ¿Tu muerte valía la pena?

CESARIÓN   (*Se encoge de hombros.*) Es lo que habría hecho César, mi padre. Lo sabes tú, lo sé yo y lo sabía Augusto. Te espero, madre querida, en el otro lado de la historia.

(CESARIÓN *hace mutis.* CLEOPATRA *queda sola, llorando desconsolada. Tose. Se marea.*)

CLEOPATRA   Iras... ¡Iras! (*Se acerca a duras penas hasta* IRAS. *La zarandea.*) ¡Coño, qué rápido se ha muerto! Es mi destino, entonces, ser la última, imagino. La última de un linaje corrupto y un reino decadente que hoy, toca a su fin.

(*Sale Julio* CÉSAR *a escena. Sus ademanes y ropas tienen un deje actual.*)

CÉSAR   La última y la más trascendente, Cleopatra.

CLEOPATRA   César, mi vida, mi alma, ¿has venido a buscarme?

CÉSAR   Claro, mi amor. No iba a dejar yo que mi niña bella fuese al otro lado, al otro lado de la historia, sola.

CLEOPATRA   Todo el mundo se ha muerto.

CÉSAR   Contigo termina un tiempo, reina Cleopatra.

CLEOPATRA   ¿Y qué viene ahora?

CÉSAR   Ahora viene un tiempo más ridículo... El chaval se va a convertir en emperador sin saberlo. Mira que me esforcé en defender la República, pero este pobre, por soberbia, se convertirá en el primero de muchos emperadores... normalmente cada uno peor que el anterior.

CLEOPATRA   ¿Y Egipto?

CÉSAR   Bueno, Egipto se convertirá en un destino turístico...

CLEOPATRA   ¿Un destino turístico?

CÉSAR   La gente vendrá de todas partes del mundo para ver... las pirámides.

CLEOPATRA   Pero si son tumbas.

CÉSAR   A la gente le gustan las tumbas antiguas... y se llevan las momias a los museos... y luego pagan por verlas...

CLEOPATRA   ¿Sacan a los muertos de sus tumbas y los miran?

CÉSAR   Eso es. Y no sabes cómo les gusta encontrar trozos de vasijas... se ponen muy contentos... ¡muchísimo!, y las exponen como si fueran importantes.

CLEOPATRA   ¿Vasijas, César?

CÉSAR   Vasijas, Cleopatra.

(CLEOPATRA *se ríe y* CÉSAR *empieza a reírse también. Ríen a gusto. Ella termina tosiendo.*)

CLEOPATRA   Ay, César, vamos hacia un mundo muy absurdo.

CÉSAR   Tú y yo, no, mi amor. Tú y yo vamos a convertirnos en historia.

CLEOPATRA   ¿Como Alejandro?

CÉSAR   Tú más famosa que él y que yo. Tú, Cleopatra VII, serás la más famosa de todos. La más importante.

CLEOPATRA   *(Se le empiezan a caer las lágrimas.)* No sirve de mucho.

CÉSAR   *(Se seca las lágrimas.)* No sirve de nada... pero reconforta un poco, ¿no?

CLEOPATRA   ¿Sabes cuánto hacía que no me reía con esta alegría, mi amor?

CÉSAR   Mucho, Cleopatra. Mucho. Vamos. Nos espera la inmortalidad. Además, allá, en la historia, hay cierto muchachito, uno muy listo y capaz, que pregunta por su madre...

(CLEOPATRA *se echa a llorar de alegría.*)

CLEOPATRA   ¿No me guarda rencor?

CÉSAR   Ninguno te lo guardamos, Cleopatra. Ven...

(CÉSAR *inicia el mutis.*)

CLEOPATRA   Ya llega. Me voy. Me voy con vosotros. Pensaba que la muerte me daría miedo, pero lo único que quiero es que llegue de una puta vez para estar con vosotros...

CÉSAR   Los hombres de Cleopatra.

CLEOPATRA   Veo campos verdes, a lo lejos... oigo risas... y una flauta... (*El sonido de la flauta de* AU-LETES *envuelve la escena.* CÉSAR *ríe. Comienza, a su vez, a oírse la risa de* AULETES, AN-TONIO, CESARIÓN, *del coro de los hombres de* CLEOPATRA. *Ella ríe aún con más fuerza.*) Lo único que lamento es que siento un poco de frío... en los pies... ¿Hace frío allá donde vamos, César?

CÉSAR   Un poco, pero se pasa pronto. (CLEOPATRA *inicia el mutis hacia las risas, acompañada por* CÉSAR.) Octavio ha ganado la guerra, pero tú has ganado la historia...

CLEOPATRA   Reconforta, César. La Historia reconforta... Y, si te soy sincera, Augusto, su guerra y Egipto, te diré, Cayo Julio César, que, ahora mismo, al final de mi tiempo, me importan un coño...

(CLEOPATRA, *riendo, hace mutis. Cae el...*)

Telón.

Esta primera edición de *una mujer llamada Cleopatra*,
de Ramón Paso, terminó de imprimirse
en febrero de dos mil veintiséis,
en Madrid.